はじめに

小論文では何が問われるのか

　私は、1992年から2019年まで27年の長きにわたって、大学院入試を専門とする青山IGC学院において、小論文を教えてきた。

　さらに2012年から2023年の現在まで、日本ウェルネススポーツ大学で、小論文・日本語表現の講座を担当している。したがって通算すると30年ほど小論文講座を担当してきた勘定になる。この間3,000名を超える方々を、大学院に合格させてきた。

　1992年以前には、大学で小論文講座というのはまったくなかった。ところがこの頃から日本ではバブルの崩壊ということがあり、「生涯学習の意義」ということが言われ出した。

　いったん社会に出た方々が再び大学院に入って勉強や研究をするという「社会人入試」が一種のブームになった。今では、MBA（ビジネススクール）という形で「社会人大学院」が一般化している。

　こうして社会人入試は、それまで向学心をあたためていた方々に対して、門戸を開く方途となった。

　「小論文試験」では、次のような問題が出題される。
　①志望動機に関するもの
　　〈例〉あなたはどうしてここを受験したのですか？
　②社会人や学生の社会的問題意識を調べようとするもの
　　〈例〉ウクライナ戦争が世界経済に与える影響について述べよ
　③思考力を試すもの
　　〈例〉ケース（事例）を提示して、このケースの場合はどのよ

小論文の勉強方法

　それでは、小論文の勉強方法はどうすればいいのか。

　まずは世界や日本社会で起こっている問題を、日々丹念にフォローすることである。これに勝る勉強方法はない。

　「フォローする」といっても、単にスマホでニュースを流し読みするだけでは十分ではない。スマホでニュースを一瞥するだけでなく、新聞の社説や解説記事を注意深く読むことである。さらに自分の研究・学習に関係する分野や興味のある問題を熟読し、関心のある記事を切り抜いてスクラップしておくことである。

　また大学院用の試験対策をするためには、それぞれの問題を要約してみることも重要である。こうした勉強を根気強く毎日続けることが非常に大切である。

　新聞のほかに、総合誌などを読んでみることも必要である。現在総合誌で代表的なものとしては、『中央公論』や『世界』などがある。こうした雑誌に掲載されている論文を読むことによって、論文慣れをしておくことも重要である。慎重な言い回しや論理的な文章というものに慣れていないと、頭に入ってこないものである。

　こうした勉強を日々続けたうえで、毎日１つテーマを定めて、実際に800字程度にまとめてみることである。

　実際に書くことによって、文章力がついてくる。漢字、送り仮名、表現法、接続詞の使い方、段落や改行の仕方といったものを覚えていく。論文は、思いのまま自由に書くことができるメールやツイッターの文体とは違うものである。論文としての様式に従いながら、論理的に展開しなければならない。

本書の模範文を自家薬籠中のものに

諸氏におかれては、理論編の「小論文の書き方」を参考にしていただきたい。そして実際に小論文を書いたら、まずはご自身で読んでみることである。言い回しや表現がおかしなところがあれば、スムーズに読むことはできないであろう。読みにくければ、それは文章的にもおかしいことが多いはずであり、補筆や訂正する必要がある。できれば、友人や文章に長けた先生や先輩に読んでもらって、添削を仰ぐといい。有益な助言を得ることができるはずである。

未だ知らない概念などは、『現代用語の基礎知識』などを使って調べておくことも大事である。PCやスマホで、ウィキペディアなどを検索してもよい。

その他に、西洋史辞典や日本史辞典、各分野の専門辞典などを使うこともお勧めしたい。

拙著では、厳選されたテーマが相当数掲載されている。カレントなテーマがある一方で、基本的概念をまとめたテーマも幾つかある。

これらの模範文を熟読玩味して、自家薬籠中のものにされることである。初めから小論文を書ける人などいないものである。

小論文の学習は自身の内面を豊かにする

2023年1月12日付『読売新聞』の「教育ルネサンス」という欄で、福岡にある女子商業高校で小論文を徹底的に行ったところ、進学率が飛躍的に上がったという話が載っていた。

小論文を論述するとなると、課題を自分で調べ、何が問題であるかを押さえ、自分の考え方をまとめなければならない。

単に知識を詰め込むというよりも、自分はこの問題をどのように

考えるべきかが問われることになる。知識量をいたずらに他人と競うことよりも、自分の内面と向かい合うことが極めて重要であることがわかってこよう。

自分の内面が豊かになってくることを実感できれば、断然勉強は楽しくなるはずである。

現代的なテーマを豊富に掲載

最近の３年間で、日本が直面する国際・社会問題が大きく変化した。その１つは、新型コロナのパンデミックの問題であり、もう１つは、2022年２月24日に始まったプーチン・ロシア軍によるウクライナ侵略である。

ウクライナ戦争は、第二次世界大戦以降の最大の事件である。ウクライナという主権国家が、隣国のロシアに一方的に蹂躙されているにもかかわらず、日本はじめ国際社会は有効な手立てを講じることができないでいる。

ウクライナ戦争の勃発は、原油や原材料の価格の大幅な値上がりを招き、世界的食糧危機を招来した。またプーチン露大統領は国際社会に対して、核による威嚇をたびたび表明している。

こうしたことから今回拙著では、安全保障問題、軍事・外交問題を大幅に書き加えている。

また寿命の大幅な伸びは、われわれの生き方のみならず、社会保障や年金などに関して深刻な問題を引き起こすことになった。

読者におかれては拙著を熟読されて、大学院受験や就職試験、あるいは大学の授業に、大いに活用されんことを心より期待している。

理 論 編

実 践 編

資 料 編

理 論 編

Theory

小論文とは何か

　よい小論文を書くためには、まず「小論文とは何か」ということを理解する必要がある。小論文の特質を知れば、自ずとそれに適した書き方がわかるはずである。

Ⅰ 小論文の定義

　論文は、ある論題について自分の意見を筋道立てて述べる文である。

　小論文とは、規模の小さな論文のことである。試験の際など、だいたい字数にして800字程度でまとめることが求められ、与えられる時間は、おおむね60分である。

　少ない字数とはいえ、論文であるからには次の条件が必要である。

①論題に即した内容であること。論題を自分で設定する場合も同じことで、当然のことながら、題と内容は一致していなければならない。

②自分の意見が述べられていること。論文は自分で考えたことを書くものである。単なる一般論を述べただけのもの、事実を紹介しただけのもの、他人の意見を拝借したものは論文とはいえない。

③文章が論理的に組み立てられていること。書かれた文は他人が読んでわかるものでなければならない。そのためには、述べたいことを論理的にまとめる必要がある。

④制限字数を守ること。字数の超過・不足は厳禁である。なるべく制限字数ぎりぎりまで書くように心がけたい。例えば、「800字以上1,000字以内」と指定されている場合には、900字以上は書きたいものである。

Ⅱ 小論文と他の文章との違い

[1] 作文との違い

小論文と作文との違いは、論理的主張の有無にある。

作文では、自分の体験したことや、感じたり考えたりしたことをそのまま書けばよい。「私には、こんな体験があります」「私は、こう思います」と、結論だけ述べればよい。

これに対して小論文では、自分の主張が論理的に述べられていなければならない。体験を書くだけでは「論」文にならないし、結論だけあって結論に至る筋道が書かれていないものも、「論」文とはいえない。

[2] 文学的な文章との違い

小論文と文学的な文章との違いは、「問いに対する答え」という形式を取るかどうかにある。

随筆、小説、詩などの文学的な文章は、筆者が書きたいときに書きたいように書くものである。何をどのように書いても自由である。

たとえひとりよがりな内容であっても、場合によっては作者独自の「味」として評価されることもある。

これに対して小論文は、答えを求められる文章であり、これに自分の主張・見解を対置しなければならない。どんな主張をするかは自由である。ただ、何について主張すべきかが決められている。「どのように書くか」という点でも、文学的な文章とは違って論理的に書くことが何よりも重要である。

[3] 記事との違い

小論文と記事との違いは、自分なりの主張があるかどうかにある。

記事は事実を正確に述べることが最大の眼目である。記事に主張が含まれることがあるにしても、その主張は独断的でなく客観的であることが求められる。

　これに対して小論文の最大の眼目は、自分の主張、考えを表現することである。事実そのままを紹介したり、解釈することではない。

　その主張も自分の頭で考えたものであればあるほどよい。ただし、繰り返し述べているとおり、他人が読んで理解できるように書かれていなければならない。

Ⅲ 小論文の出題形式

　小論文の出題形式は次の4種類に分類できる。要約と論述というように、複合的な出題をする場合もある。

　志望する大学院の過去問題には必ず当たり、どのような形式で出題されるのかを調べておこう。

①論題が与えられて、それについて論述する形式。

②与えられた課題文を読み、これに関連したテーマを自分で考えて論述する形式。

③与えられた課題文を制限字数（200字から300字）で要約させる形式。

④与えられた統計資料や年表などを見て、そこから読み取れる事柄について論述する形式。

Ⅳ 小論文のテーマ

　小論文のテーマは、作文的小論文と論文的小論文の2つに分けられる。

[1] 作文的小論文

　自己の人生観や、自分について、これまでの人生経験の中で得たもの、大学院への志望動機（研究計画書）や大学院への期待について尋ねるものである。

> **例** 「最近の大学生の学力低下についてどう考えるか」

[2] 論文的小論文

　時事問題、社会問題、あるいは「豊かさとは何か」など抽象的なテーマについて見解を問うものである。

> **例** 「脱炭素社会の実現について、次の３つの語彙を全部用いて文章をまとめなさい。〈①地球温暖化対策、②エネルギー政策、③実現にむけたコスト〉

　前者は、小論文というより感想文ないし作文に近い。自己の経験に基づいて書けばよい。ただしこの場合も、だらだらと自分のことや感じていることを書き連ねるのではなく、後で述べる小論文の書き方のルールに従って書くことが肝要である。

　「作文的」であるとはいえ、小論文であることに変わりはないのである。

　後者の脱炭素社会の実現というテーマは、時事的な社会問題であり、論理的な思考を要する。この種のテーマについて書くには、ある程度の知識が必要である。日ごろから今の社会で問題になっているのはどのような事柄であるかについて関心をもち、情報を得て考える習慣をつけておきたい。

Ⅴ 小論文の出題の意図

　小論文という試験科目は、学科試験だけでは判定できない受験生

の能力をみることを意図している。その能力とは、独自の思考力、論題について正しく理解し分析する能力、考えたことを論理的にまとめる能力、考えたことを的確に表現し明快に伝える能力などである。大学院で学べるだけの基本的な知力があるかどうかが試されている。

　作文的小論文の場合には、知的好奇心の有無や、学ぶ意欲、あるいは自分なりの人生観を有しているかどうかなども試されている。

　日本語を書く能力が問われていることも忘れてはならない。誤字、言葉の誤用に注意しよう。表現を豊かにするために、語彙を増やすことも大切である。

Ⅵ 小論文の採点基準

　よく受験生から、「小論文の採点基準はどのようになっているのでしょうか」という質問を受ける。受験生がこうした質問をする背景には、小論文の評価が採点者の主観に流されるのではないかという危惧があると思われる。しかし、採点者は、論文を読むのに長けた学識者である。受験生の書いた小論文が優れているのか、普通なのか、水準以下のものなのかの判断は明瞭にできるのである。

　小論文を採点する場合は、一般的に公平を期して２人の採点者が交互に読み合っている。採点の基準となるものは、次のような事項である。

①題意が正確に把握されているかどうか。

②論旨の展開が題意から外れていないかどうか。

③論旨が論理的に構成されているかどうか。

④文章表現が適切であるかどうか。原稿用紙の使用ミスや、誤字、あいまいな表現、ひとりよがりの意味不明な表現などは減点の対象となる。

日本語の表記

小論文を書くためには、日本語の文章の基本的なルールを把握しておく必要がある。いくら内容的に優れた小論文であっても、読み手（採点者）にうまく伝わらなければ評価は低くなる。まずは原則的な事項を身につけておこう。

I 文字の表記

[1] 漢字と平仮名

文字や記号で書き表すことを表記という。漢字は常用漢字を使い、仮名遣いは「現代仮名遣い」に従って書くのが原則である。

常用漢字以外の漢字はなるべく使わずに平仮名で書きたい。また、その漢字の読みが常用漢字表にある以外の読みになる場合はその漢字を使わず、同じ読みの別な常用漢字にするか平仮名にしたい。

ただ、常用漢字以外の漢字は「誤字」とは違うから、使ってはいけないわけではない。要は読みやすい文章であることが大切である。一般的な漢字の表記をしている分には特に問題は生じない。原則は原則として押さえておけばよいのである。

> **例** 常用漢字以外の漢字（表外字）
>
> 爪—つめ　　　曖昧—あいまい

> **例** 常用漢字表にある以外の読み（表外訓）
>
> 応える—答える・こたえる　　　遺す—残す・のこす

ただし、表外字でも表外訓になる漢字でも歴史上の事実などにつ

17

いては、あえて平仮名にはしない。例えば、「元禄時代」の「禄」は表外字だが、漢字のままでよい。

　常用漢字で書ける言葉はできるだけ漢字で書き表した方がよいのは確かである。ただ、あまり漢字が多いと読みにくくなる。副詞、接続詞、形式名詞、補助動詞、助動詞は平仮名にすると文章全体が読みやすくなる。

> **例** 是非―ぜひ　又―また　物―もの　の様だ―のようだ

[2]カタカナ

　カタカナは、外来語、外国の地名や人名、擬声語の表記に使う。

　擬声語（または擬音語）とは、実際に聞こえる音や声をそのまま言葉にしたもので、降雨の「ザーッ」という音、猫の「ニャー」という声などがそれである。

　外来語であっても、「たばこ」や「かるた」のように昔から使われている言葉はカタカナで書かなくてもよい。

　なお、擬態語は平仮名にするのが普通である。擬態語とは、そのものの状態や身振りをあらわした言葉で、「にこにこ」「てきぱき」などがある。

[3]仮名遣い

　助詞の「を・は・へ」は、「お・わ・え」ではなく、「を・は・へ」と書く。

　「こんにちは」を「こんにちわ」、「やむを得ず」を「やむお得ず」と書くのは間違いである。

　ただし、「降るわ降るわ、大雨だ」のような場合は、「は」ではなく「わ」と書く。

　次のような2種類の語は、「じ・ず」ではなく、「ぢ・づ」と書く。

　1つには、同音の連呼からなる「ちぢむ」「つづく」「つづる」の

ような語、もう１つは、二語の連合からなる「はなぢ」「こぢんまり」
のような語である。

Ⅱ 送り仮名

[1]動詞の送り仮名

活用語尾を送り仮名とする。

> **例** 滞る　考える　損なう　整える

動詞が２つつながってできている語は、それぞれに送り仮名をつ
ける。

> **例** 話し合う　思い出す　頼み込む

[2]形容・形容動詞の送り仮名

語幹が「し」で終わる形容詞は、「し」から送る。

> **例** 楽しい　著しい　激しい

ただし、「懐かしい」のような例もある。

活用語尾の前に「か」「やか」「らか」を含む形容動詞はその音節
から送る。

> **例** 暖か　穏やか　軟らか

[3]副詞・接続詞の送り仮名

これらは平仮名で書いてもよいが、漢字で書くには最後の音節を
送る。

> **例** 必ず　再び　全く　最も　及び

なお、送り仮名については複数の表記が許容される場合がある。

個々のケースについては国語辞典や用字用語辞典に当たってほしい。ふだんから、疑問があったらすぐに辞書を引く習慣をつけることが大切である。

Ⅲ 句読点・符号・数字

[1] 句　点

「。」は、文の終わりに打つ。例外としては、箇条書きで体言（名詞）止めになっている語句の終わりには打たなくてもよい。論題や標語のあとにも打たない。

[2] 読　点

「、」は、文意を正しく伝えるために適宜打つ。意味の区切りや、読むときのリズム（呼吸）の切れ目で打つ。

主語のあとや、修飾・被修飾の関係をはっきりさせたいとき、接続詞・副詞・間投詞のあとに打つとよい。読点が多すぎても少なすぎても読みにくくなる。要はバランスが大切である。

> **例** Ａさんと同僚のＢさんが昇格した。—　Ａさんと、同僚のＢさんが昇格した。

Ａさんとが昇格したのなら、前の文ではＢさんだけが昇格したように誤解される恐れがあるので、あとの文のように読点を打って意味を明確にした方がよい。

[3] 中黒（なかぐろ）

「・」は、同格の単語を並べるときに打つ。あくまでも単語を並べるときであって、「原因の究明・問題の解決」というような使い方はしない。その他、外国の地名・人名、縦書きのときの小数点に

も使う。

> **例** 所得税・固定資産税・住民税　　ジョー・バイデン氏

［4］かっこ

　「（　）」（パーレン）は、文中に断り書きや注記を挿入するときに使う。

　「「　」」（かぎかっこ）は、会話、引用文、論文名・雑誌名をあらわすときに使う。特に強調したい語句を示すのにも使われる。

> **例** 「私、困るわ」と雅子は言った。

　特に強調したい語句を示す。

> **例** 報告書にあった「相当な処置」とは具体的には何であるのか。

　「『　』」（二重かぎかっこ）は、書名（単行本）の表示や、会話文中での会話（または引用文中での引用）を示すときに使う。

> **例** 参考文献は、中村隆英『昭和経済史』（岩波書店）。

［5］数字の表記

　縦書きの場合は、漢数字に単位語（一〜十、百、千、万、億、兆）を付けるのが原則である。

〈例〉今年度の一般会計の総額は一百七兆五千九百六十四億円である（一〇七兆五九六四億円と書くことも許容されている）。

　西暦や、統計資料などの数字を書き表すときはむしろ単位語は省く。

> **例** 2023年　　標高3,776メートル

　なお、横書きの場合は、漢数字ではなく、算用数字を使う。

Ⅳ 原稿用紙の使い方

　原稿用紙には正しい使い方があるので、正しく使っていないと減点の対象となる。

　入試では、普通、与えられた原稿用紙の１行目から本文を書き出すことになっている。書くに当たっては、次のような点に留意する。

①本文の始めでも、段落の始めでも、書き始めは１マスあける。

②句読点やかっこなどの記号は、１つひとつを１マスに記入する。

③句読点や、下の方のかっこ（受けのかっこ）が行頭に来る場合は、前の行の行末の欄外に書く。

④加筆はなるべく避けたいが、やむを得ずするときは、加筆を示す記号を使ってきれいに書く。

⑤促音（つまる音「っ」）や拗音（「ゃ」「ゅ」「ょ」）は、縦書きの場合マスの右上に小さく寄せて書く（横書きの場合は左下）。

⑥文字は、丁寧にはっきりと書く。読みやすい整った字を書くことである。文字のうまいへたは問われない。

　漢字は楷書で書き、略字は使わない。ほとんどの場合、鉛筆で書くことになるが、消しゴムを使った跡が汚く残らないようにする。

日本語の文法

　文法とは文を組み立てるうえでの約束事である。これを無視して書かれた文章は、読みにくいだけでなく、誤解を招くおそれがある。わかりやすい小論文を書くためにも、最低限の知識は身につけておきたい。

I わかりやすい文章とは

　小論文は、自分が何を言いたいのかを人に伝えるための文である。読んでわかりやすい文章であることが大切である。

　わかりやすい文章の条件としては、内容の面と形式の面と２つが考えられる。内容の面では、５Ｗ１Ｈに留意すること、特に主語を省略しないことである。形式の面では、一文を短くすることである。

[1]５Ｗ１Ｈ

　新聞記事など事実を述べる文章において欠けてはならない要素に５Ｗ１Ｈがある。

　　いつ（WHEN）　　どこで（WHERE）　　だれが（WHO）

　　何を（WHAT）　　なぜ（WHY）　　どのように（HOW）

の６要素である。

　小論文の場合でも、事実や経験を伝えるときや、自分がそのように考えるに至ったいきさつを述べるときなどには、これらの要素を取り入れる必要がある。これらが欠けると具体性が乏しくなり、あいまいな文章になる。

[2] 主語と述語

　文の基本は「主語＋述語」（主部＋述部）である。どちらが抜けても文は成り立たない。日本語では主語を省略する傾向が強く、それで意味が通じることも多いが、小論文ではなるべくきちんと書きたい。

　省略できるのは、主語を同じくする文が続く場合など、誰が読んでも明白な場合に限られる。

　また、主語と述語を対応させることも大切である。くれぐれも「私の希望は、経済学を学びたいと考えている。」のような、骨格の曲った文を書かないようにしたい。

[3] 一文は短く

　何を言いたいかを明確にするためには、一文の長さをできるだけ短めにすべきである。長くなればなるほど主語と述語の関係があいまいになり、修飾・被修飾の関係が複雑になって、意味が取りにくくなる。また、一文を短くすることによりリズムが生じ、読みやすい文章になる。

　日本語は助詞によって次々に語をつなげて文を作ることができる。そのためだらだらと長い文章になりがちである。1つの主語と1つの述語で一文を終わらせるように意識して書きたい。また、接続助詞（が、て、のに、ので、から）の多用をしない、修飾語と被修飾語の間隔は密にする、形容詞・副詞を多用しない、などを心がけると短い文章が書ける。

Ⅱ 係助詞「は」と格助詞「が」

　「は」も「が」も主語を示すのに使われる。使われ方には違いがある。「は」は主題をあらわし、「が」は主格をあらわす。

　「は」は、その文全体を１つにくくる。一文の主題を提示し、一文全体が何について説明しているかを示す。

　最後の述語まで係っていくので、「は」は、係助詞と呼ばれる。

　「が」は、一文の中で他の語との関係において主格である語（体言）につくので、格助詞と呼ばれる。「が」は、主格を指示的・強調的に示す。

　たとえば、「私は、橋本です。」と「私が、橋本です。」という２つの文を比べれば違いは明らかだろう。

Ⅲ 文と文のつながり

　文と文のつながり方には、接続詞による接続と、接続詞によらない接続とがある。

[１]接続詞による接続

> 例 私は学生だ。だから、勝馬投票券を買えない。（順接）
>
> 　景気対策が行われた。しかし、景気は回復しない。（逆接）
>
> 　彼は有数の政治家である。また、優れた詩人でもある。（並列）
>
> 　私たちは妥協した。つまり、彼の言い分も取り入れた。（説明）

　接続詞による接続で注意すべきことは、接続詞でつなぐ前の文と後の文との関係である。大事なのは文と文との意味上の関係である。接続詞は使い方に適切さを欠くと奇異な文章になる。多用すると文脈がぎくしゃくする。限られた字数で的確に意図を伝えるためには、使わなくてもすむ接続詞はできるだけ省いたほうがよい。

[２]接続詞によらない接続

①指示語による接続

「こそあど言葉」（これ、この、それ、その、あれ、あの、どれ、どの）で文をつなぐことができる。何を示そうとしているかを意識して使うことが肝要である。多用すると文意があいまいになりがちなので注意すること。

②語句の反復による接続（しりとり構文）

> **例** 兎角に人の世は住みにくい。住みにくさが高じると、安いところへ引き越したくなる。どこへ越しても住みにくいと悟った時、詩が生まれて、画が出来る。（夏目漱石『草枕』）

③副助詞による接続

> **例** 風が激しくなった。雨も降り始めた。（添加）

④理由を示す語句による接続

> **例** その事件のことは知っていた。テレビで見たから。

　接続詞を使わない方が文章に緊張感が生じる。ただ、それも場合によりけりで、一概にはいえない。要は、その文章に合った言葉の使い方をすることと、文と文とのつながりを明確なものにすることである。

Ⅳ 副詞の呼応

　副詞には、それぞれに対応する一定の文末表現がある。

[1]打ち消し

> **例** 全く　決して　少しも　全然　めったに

これらの副詞は、文末の「…ない。」などの否定表現と呼応する。よく耳にする「全然大丈夫」といった表現は厳禁である。

[2]推　量

例 多分　恐らく　おおむね　さしずめ

　これらの副詞は、文末の「…だろう。」と呼応する。

[3]比較・比喩

例 まるで　あたかも　ちょうど

　これらの副詞は、文末の「…のようだ。」と呼応する。

文体と修辞法

　小論文を書くには、手紙や日記を書く場合とは違ったルールが存在する。また、自説を正確かつ効果的に伝えるための工夫が必要でもある。これらのポイントについて簡単に触れてみたい。

Ⅰ 文　体

　文体とは、文章全体の表現様式のことである。文章の終わり方に最も特徴があらわれるので、文体といえば文章の終わり方のことになっている。

　文体には、「です」「ます」調の敬体と、「だ」「である」調の常体とがある。通常、小論文では常体を使う。

　文体は、文章全体を通して統一した方がよい。小論文試験では、「文体が統一されているかどうか」は重要なチェック項目である。文体については、次のようなことに留意したい。

　文章は自己表現である。「文は人なり」といわれるように、文章にも書く人の品性があらわれることを明記したい。流行語や俗語の使用は避けた方がよい。

　同じ言葉で文章を終えることを避ける。「のだ」「と思う」「だろう」などがいくつも続くと平板な印象を免れない。

　「のだ」で終わる「のだ文」は、意見を強く印象づけるのには有効である反面、断定的で主張を押し付けるイメージを与えることに注意したい。

　体言で終わる「体言止め」も強い印象を与える。しかし、小論文では、細部まで委曲を尽くす姿勢が大事なので取り入れない方がよ

い。

　「…しちゃった」「…というか」などの会話体は、文章の地の文では使わない。

Ⅱ 表現技巧

　言い表したいことを効果的に文章化する技巧には、次のようなものがある。

　直喩法　「山のような仕事の量」のように、あるものの様子を、直接比較できる別なものにたとえて表現する。

　擬人法　人間の世界の出来事を、人格化した人間以外のものによることとして、たとえる。

　声喩法　擬声語や擬態語を使ってそのものの大きさや状態、効果などを表現する。

> 例 大きな声で意見をガンガン言う。（擬声語）
>
> 　予算がばっさりと削られる。（擬態語）

　ただし、これらの表現が何か所もあると、大げさになったりして、軽薄な印象を与えるので、小論文で多用してはならない。理路整然と冷静に書くのが望ましい。

　このほか、文章表現にあたっては、文章のテンポが大事である。文章のテンポとは文章の流れで、これをよどみなく進めていくことである。自分の考えの流れに従って文章を書き進めていくと、必ず１つのリズム、テンポが生まれる。

　前に述べたように、一文を短くすることも有効である。反対に、自分で消化しきれていない言葉やレトリックを使おうとするとそこだけテンポが違ってくるものである。それは読み手に違和感を与え、

マイナスである。

　具体的でわかりやすい言葉を使うことも大事である。あえて難しい言葉を使う必要は全くない。また、「構造」「時代の流れ」など、評論家が使うような出来合いの言葉、自分のものになっていない言葉を多用するのは滑稽でしかないことを知るべきである。

　自分の頭で考えたことを自分の言葉で明快に述べているのが最も優れた小論文である。

Ⅲ 事実文と意見の区別

　一般的に認められている事実を叙述する事実文と、自分の主張を述べている意見文とを区別することは重要である。

　事実文の中に自分の推測を交えるのは厳禁である。どこまでが事実を語っていて、どこからが自分の意見であるのかは常に読み手にわかるようになっていなければならない。言葉を引用する場合も、引用箇所はどこであるかがわかるように引用符（「　」）を用いて示す。

　事実文の場合、文末に「…のようだ。」「…ということだ。」といった伝聞調の表現はしないほうがよい。また、意見文の場合は、文末がすべて「…と思う。」で終わると幼稚な印象を与えるので、表現を工夫するとよい。

小論文の書き方

ただ指定字数を埋めるだけなら、どのような書き方をしてもよいだろう。しかし、優れた小論文を書くにはそれなりの方法がある。レポートを書く際にも役立つので、ぜひ実践してほしい。さらに、修士論文の書き方も原則としてこれと同じである。

Ⅰ 小論文の構成

小論文の最小単位は語である。語と語がまとまって文節、文を形成する。文が集合して段落ができる。段落の総体が小論文である。

語という原子が集まって文という分子になり、分子が結合して段落、さらに小論文全体が構成されるとすれば、小論文はいわば1個の有機体ということができる。全体が緊密に関連し合っているのである。小論文全体の構成は、いくつかに分けてとらえることができる。構成を知れば、自分の意見をどのように展開し、まとめればよいかを知ることができる。

小論文の構成には、3段式（序論―本論―結論）、4段式（起―承―転―結）、5段式（序論―叙述―論述―補説―結語）などがある。

このうち、書きやすいのは3段式である。これは、①序論のところで、論題をどのようにとらえているか、どのような考え方で論題に取り組むかを説明し、②本論で、どのように考えているかを具体的に説き起こし、③結論で、論旨をまとめるものである。

分量は、序論を全体の1～2割、本論を6～7割、結論を1～2割程度とするのが適当である。

常に３段式をとれるとは限らないから、あまり形にこだわる必要はない。自分の書こうとする内容に最も適した構成を採用すればよいのである。ただ、800字から1,200字程度の小論文で、段落が７つも８つもあるのはいかにも多すぎる。もしもそうなりそうなら、構成を考え直すべきである。

話があちこちに飛んでいないか、一段落にまとめられる部分はないか、などに注意してチェックしてみよう。また、多くの点について少しずつ述べるのではなく、重要なポイントに絞って詳しく書くようにすれば、自然と段落の数は減らせる。

Ⅱ 書く手順

書くには手順が必要である。論題を見た瞬間にすぐに書き始めてはいけない。構想に十分時間をかけて、論題の趣旨に合致した核となる論点（中心思想）を定め、結論に至るまでの全体の組み立てを頭に描いてから書き始める。

小論文試験の制限時間を60分として、字数が800字とすると、構想に20〜30分かけ、残りの時間で清書と見直し（推敲）をするとちょうどよい時間配分となる。あせらずにじっくり構想に時間をかけることが大事である。書きながら「さて、次は何を書こうか」と考えているようでは、決して内容の充実した文章は書けない。ただ、制限時間をオーバーしては元も子もないから、自分の清書のスピードを知っておく必要がある。

Ⅲ 構想を練る

①題意を的確にとらえる

「的確にとらえる」というのは、「論題について漠然とした受け止

めをしない」という意味である。論題をただ表面的に受け止めるのではなく、今なぜこのような題が出されるのか、その背景や理由、また、自分とのかかわりを考えたとらえ方をするということである。

　このようなとらえ方ができれば、題意から外れた論を展開したり、現実や自分自身の感覚・思考から遊離した観念的な論を書いてしまったり、ありきたりの俗説で指定字数を埋めてしまうなどという失敗は起こらない。

②アイディアを列挙する

　論題の題意をつかめたら、それに対してどのようなことを論点とし、どんな考えを述べるか、どう展開するかを考える。いくつかアイディアを出してその中から絞り込むとよい。

　慣れないうちは、頭の中だけで整理するのが難しいかもしれない。また、課題が複雑であったり大きいテーマを扱っていたりすると、考えがまとまりにくい。このような場合には、書きたい内容を箇条書きでざっと書き出してみよう。実際の試験の際には問題用紙の余白を利用すればよい。

③論点（中心思想）を決める

　書き出したアイディアはかなり雑多なものになっているはずである。その中から自分が最も言いたいことを論点（中心思想）とし、採用するアイディアを書く順序に並べてみる。全体の構成の大枠を作るのである。この時点で、全体の段落数をほぼ確定させる。

　論点から外れたアイディアは思い切って削ろう。あまり多くの要素を盛り込もうとすると、どうしても論点があいまいになってしまうからである。せっかく考えたのにもったいない、と思ってはいけない。

　論点は、あまり大きなものにしない方がよい。焦点が定まらなく

なるからである。「この論点で行けばまとめられそうだ」と自信がもてるものにする。論点と、それについての考え方は小論文全体を貫くものである。結論に至るまで、何を論点とし、どんな考えを展開しようとしているかを意識していなければならない。

④論旨の運び方を決める

論点と考えた内容だけでは制限字数を埋めることはできないし、説得力にも乏しい。なぜそのように考えるのかを説明したり自分の考えを補強もしくは裏付けるために、別な言説を紹介したり具体例をあげたりする必要がある。

論旨を展開したり、説得力をもたせるためには、いくつかの言説や事実などの材料が必要なのである。論点と考え方が決まったら、論を展開するための材料をどのように織り込んでいくかを工夫しなければならない。

いくつかの材料を織り込みながら論旨の展開を考えるのは、展開の順序に合わせて「この段落ではこれ」「次の段落ではこれ」と、段落ごとにポイントを作っていく作業になる。

論を展開するといっても、下書きをしてはいけない。あくまでもメモにとどめるべきである。試験は時間が限られている。下書きをするくらいなら、その分内容を深めることに時間をかけたほうがよい。ふだんから下書きをしないで書くようにしよう。

⑤論旨の整合性を確かめる

全体の構成が決まったら、清書する前にもう一度、論旨に整合性が取れているかどうか確かめよう。

書き終わってから矛盾に気づいても、構成そのものを直すことは難しい。

Ⅳ 清 書

　以上の過程を経て、初めて原稿用紙に清書することになる。下手でもいいから、読み手のことを考えて、楷書で丁寧に書くことだ。丁寧に書こうとすると、思ったより時間がかかる。試験に備え、清書にどのくらい時間がかかるかチェックしておいたほうがよい。

Ⅴ 推 敲

　結論まで全部書き終えたら、必ず推敲をしよう。推敲には、最低五分はかけたい。論旨がやや不明確だったり、文章や段落のつながりがあいまいなところも、ちょっとした表現の修正で直せるものである。

　もちろん、誤字・脱字がないかもチェックすることである。単純ミスで減点されるのは、非常にもったいない。

　名前や受験番号は最初に記入するのが原則だが、最後にもう一度確認する。ここで記入漏れがあれば確実に不合格である。また、自分の名前はともかく、受験番号の書き間違いに注意しよう。

　以上は、小論文を書くための基本的な流れである。それとともに、「論理的に考える」「考えを論理的にまとめる」ための過程でもある。

　その他、小論文を書くにあたっては、次のこともポイントとなる。

Ⅵ 書き出し

　書き出しは、文章全体の導入部である。人家にたとえれば玄関口である。ここで文章全体のトーンや書き手の姿勢が予想されるといってよい。凝ったり、奇をてらう必要はない。ここから人に読んで

もらう文章が始まるという意識をもって、誠実に書くことである。

　具体的には、例えば、新聞の見出しのような、中身の本質を一行で示すような言葉で始めるのも1つの方法であろう。

　書き出しの手法には、

①会話体で始める

②個人的体験や回想から書き始める

③論題の（自分なりの）定義をすることから始める

④疑問文で始める

　などのパターンがある。もとより、ここでも、独自の発想で決めるのが望ましい。

Ⅶ 結　論

　結論は、「つまり、言いたいことは何であるか」を述べるくだりである。

　論題に対する答えになっていることが絶対条件であり、それまでに述べてきたことのまとめでなければならない。

　小論文全体の締めくくりなので重視したい。結論に何を書くか、結論にどうもって行くかは、構想の段階で決めておく必要がある。論述とは、その結論にもって行くための過程なのである。導き方がうまくいかないと、結論が取ってつけたようになり、説得力を欠く。

Ⅷ 独自性を出す

　「どのように書くか」ということを形式としてではなく、内容としてとらえると、「独自性が出るように書くこと」が重要であるといえる。

　独自性を出すには、自分の頭で考えたことを正直に書くことが第

一である。マスコミの論調をそのまま受け売りして書いたような文章は論外である。読み手には、それが筆者自身の体験や考えに基づく論であるかどうかはすぐにわかるものである。自分なりの考えを自信をもって展開することが大事である。

　同様に、ことわざや偉人の格言といったものを引用するのはなるべく避けたい。確かにこれらの言葉は、ものごとの核心を突いているところがあり、便利である。

　しかし、いくらすばらしい言葉であっても、しょせん「他人の言葉」でしかない。自分で考えたことを自分なりに表現するのが小論文なのである。引用するとしても最小限にとどめたいものだ。

小論文の勉強方法

　小論文とは何かを考えてみれば、おのずと勉強法が見えてくる。つまり、小論文を書くために必要な、基本的概念、社会的問題意識、論理的文章構成力の３つを身につけるための勉強である。

Ⅰ 読むことは書くこと

　読むことは書くことである。このことは、課題について論述する小論文の場合によく当てはまる。文章を読んで、その中心思想をくみ取る作業は、文章の流れを論理的に追って、全体の論旨の組み立てを考えることにほかならない。その思考過程が書くことにつながる。

　読むのは理論的な著作でなくてもよい。文章修行と思ってたくさん読むことである。その中で、いろいろな表現、話のもって行き方やまとめ方、文章のリズムや全体の組み立て方などを学ぶのである。

　小論文の勉強の１つとして読むことの意義は、これだけにとどまらない。

　小論文のテーマは、社会と個人に生起するさまざまな事象であり、これに対してどんな見方をしていて、どんな見識があるかを問われる。社会や文化的な動きを見る目を養わなければならないのである。

　そのためには、時局的なテーマを扱った書物とともに、古典を読むとよい。現代社会が流動的であるからこそ、自分の視座・基準を確かなものにするには、古典から学ぶのがよい方法である。

　小論文には「自分の考え」を書かなくてはならないが、論題を与えられてから考えていたのでは遅すぎる。ふだんどれだけ考えてい

るのかが問われるのである。

Ⅱ 見直しと添削

　小論文の勉強法としては、実際に書いてみることが大事である。
　それも、書きっぱなしにするのではなく、必ず見直しをすること
である。そのためには、ノートを作り、見開きの片方に文章を書き、
もう一方に見直しをした結果を記入するとよい。見直しは、語句の
書き間違いや使い方の間違いにとどまらず文章と文章、段落と段落
との結びつき、全体の構成に論理的な整合性があるか、言いたいこ
とがきちんと言い尽されているか、結論へのもって行き方に無理が
ないか、文体の統一は取れているか、事実関係に誤りがないかなど
を中心にする。

　書くことによって、頭で考えていただけの場合とは違って、論旨
のあいまいさや矛盾が表面化することがある。それを恐れず、自ら
点検して修正するのである。

Ⅲ その他の必須事項

　小論文試験の技術的な対策としては、次のようなことが挙げられ
る。
①試験日まで毎日、新聞の社説を200字で要約する練習をする。
②志望校の過去問題にあたり、出題形式と制限時間に慣れておく。
③今年出題されそうな時事テーマを予想し、小論文を書いてみる。

　MBAの入試など社会人が受験する場合、社会人としての一般教
養や問題意識の中身が問われる。その点、新聞の社説を200字で要
約する練習は有効な勉強法である。社説は紙面で２つのテーマが論

じられていることが多いから、1か月続けると60ものテーマを要約することになる。政治から経済、文化、科学技術まで幅広い分野の論点をカバーできるのである。

しかも、「てにをは」から論旨の展開の仕方まで、論文を書くノウハウを丸ごと学ぶことができるし、漢字や専門用語を覚えることもできる。

小論文試験の出題形式は大学院によって異なるので、過去の問題を調べて、どんなテーマがどんな形式（制限時間、字数、設問方法）で出されてきたかを把握しておきたい。小論文のテーマは、志望する研究科で学ぶ内容と関係があるテーマが出題されることが大半であるが、そうとは限らないこともあるので幅広い知識・教養を身に付けておきたいものである。

また、どの大学院を受けるにしても、「なぜその大学院で研究したいか、何を研究したいか」については、あらかじめまとめる練習をしておきたいものである。

Study of the Essay

実 践 編

case study

■実践編の使い方

1　理論編で小論文の基礎を学ぶ

　小論文を書くには、まず小論文が何なのかを知り、日本語の表記や文法、文体、修辞法なども押さえておかなければならない。また論理的な小論文を書くための方法論を学ぶ必要がある。これらについては、理論編（p12〜40）でしっかり解説しているので、十分に参照されるとよいだろう。

2　実践編にある課題に対して思考する

　実践編にある課題に取り組むには、最初に問われている内容や問題の本質を明確にする必要がある。課題を十分に理解することで、文章の構成を考える際に必要な情報や視点を把握することができる。例えば、ブレインストーミングなどを用いて、異なる視点からアイデアを発想することも有効である。アイデアをたくさん出した後は、実際に論旨を展開できるか否かを判断して、取捨選択する必要がある。

3　文章の構成を考え、実際に書いてみる

　文章を書く際には、まずアウトラインを作成する必要がある。アウトラインとは、文章の主題や目的、段落の順番などを書き出したものであり、文章の大まかな構成を決めるためのツールである。具体的には、以下のような手順が有効である。まずは、文章の主題を決めることである。何について書くのか、どのような情報を伝えるのかを明確にし、次に、文章の目的を設定する。読み手に何を伝えたいのか、何を求めているのかを明確にすることである。

アウトラインでは、段落の順序を決めることも重要である。どのような順序で情報を伝えるのかを考えて、段落の順番を決める。段落の順序が決まったら、それぞれの段落に書くべき詳細な内容を加えていく。具体的な事実やデータ、引用文献など、書くべき内容を整理すれば、文章をより一層充実させることができよう。最後に、アウトラインを見直して、文章の構成が明確になっているかどうかを確認することである。必要に応じて、修正や加筆を行う。

4　自分の文章と模範文の違いを検証する

　自分の文章と模範文の違いを検証するためには、自分の文章と模範文を比較して、構成や表現方法や、語彙などの違いを確認することも有効である。自分の文章の問題点を洗い出し、改善するために、模範文を参考にすることも非常に役に立つ。また、自分が書いた文章と模範文をそれぞれ音読して、読み上げながらその違いを感じるようにしたいものである。リズムや抑揚、語彙や表現力の差異などを意識して比較してみるとよい。

5　推敲してブラッシュアップする

　文章を推敲する際にも、読み手の立場になって文章を読み直すことが有効である。読み手にとって分かりやすく、伝わりやすい文章になっているかどうかを確認する必要がある。文章の流れを見直すことも重要であり、段落の順序や、文章のつながりが自然かどうかを確認することである。また、冗長な表現や、意味が曖昧な表現がある場合は、修正すべきである。文章のバランスを調整することも大事で、段落ごとの長さや、文章内での情報のバランスを調整することも必要である。例えば、１つの段落に情報が詰め込みすぎている場合は、文章を分割することで、読みやすさを向上させることができる。

マネージャー教育に必要なこととは

2004年、米国でビジネススクール関係者を震撼させる衝撃の書籍が出版された。原題は『MANEGER NOT MBAs』である。

著者であるヘンリー・ミンツバーグは、カナダ・マギル大学の教授であり、世界的に著名な経営学者である。

ミンツバーグ教授によれば、MBAプログラムはこの50年以上にわたってほとんど変わっておらず、重大な欠陥を抱えており、総合的なマネジメント教育とは言えないと批判している。「間違った人間を、間違った方法で訓練し、間違った結果を生んでいる」と辛辣に指摘している。MBAという学位を取得し、少しでも経歴上の見栄えをよくしなければ、有利な転職や昇進が期待できないという米国の現実的問題があるとしている。この本は単なるMBA批判に終始していない。MBA教育の本来的目的を押さえた、建設的提言になっている。ぜひ一読することをお勧めしたい。

ヘンリー・ミンツバーグは、カナダのマギル大学MBA担当の著名な教授である。専攻は、マネジメントのあり方と組織形態である。2000年には、米国経営学会から優秀研究者に選ばれた。

このミンツバーグが、2006年に『MBAが会社を滅ぼす　マネジャーのいい育て方』（日経BP社）を出版したが、この本は、日本のMBA関係者の間で大いに評判になった。それではミンツバーグはMBAのどんな点を批判したのだろうか。以下ミンツバーグのMBA批判を詳細に見てみよう。

ミンツバーグのMBA教育批判は、そのまま日本のMBA教育のあり方への提言につながっている。

この本の「はじめ」で、ミンツバーグは次のように述べている。

「マネジメント教育もマネジメントも深刻な問題を抱えているが、しかしながらマネジメント教育のあり方を変えなければマネジメントは変わらないし、マネジメント教育は変わらない」

マネジメントは本来「クラフト＝経験」「アート＝直観」「サイエンス＝分析」の３つを適度にブレンドしたものでなくてはならない。

ところが「サイエンス」に偏り過ぎたマネジメント教育は、官僚的な「計算型」のマネジメントスタイルに育てがちになる。

一方ビジネススクールで教育を受けた人間がアーティスト気取りでいると、「ヒーロー型」マネジメントを行う傾向が強くなる。

責任ある地位には、ヒーローも官僚も要らない。必要なのは、バランス感覚のある献身的な人間なのである。言ってみれば、「関与型」マネジメントを行える人材である。

「関与型マネージャー」は、単に会社の株価を引き上げるだけでなく、組織を強くすることを自分の役割と考えている人物のことである。こうした人間は、リーダーシップの名の下に、瓦礫の山を導くようなことはしないものである。

このようなマネージャーを育てるためには、「マネジメント教育」を変えなくてはならない。目標は、現在のマネージャーが自分自身の経験から学ぶことを助ける「関与型教育」である。

MBA教育は、マネジメントのクラフトとアートをきちんと教えることにある。

書店に並んでいる安直な方程式やお手軽な処方箋で、マネジメントの課題を解決することではなく、今必要なのは、マネジメントの実態を真剣に見つめることである。

マネージャーの仕事とは

論文の
ポイント ビジネススクールの目的は、優れたマネージャーを育成することにある。ところがビジネススクールでは、「分析至上主義」を助長する理論やフレームワークを山ほど教えようとする。経営の本質を教えるというよりも、経営を単純化させてしまう薄っぺらのテクニックばかりに走っているようだ。

ビジネススクールの欠陥の1つに、経験を積むことができる「実践の場」を提供できていないことがある。人は「出力」する過程で実践を学ぶものである。想定外のことが発生し理屈通りいかないのが実際にもかかわらず、ビジネススクールでこうした経験を積むことができないとすれば、優れたマネージャーを育てることもできないことになる。

ケース（事例）研究は、単純化されたバーチャルな世界に過ぎない。責任の重さや複雑な利害関係から生まれる緊張感や不安感や高揚感などを体感することは実に意義深いものがある。この際、「マネージャーの仕事とは何か」について、その本質を考えてみることは大いに意味のあることである。

ミンツバーグは、マネジメントの本質を「マネジメントがサイエンスや専門技術なら、経験のない人にも教えられる。しかしマネジメントはサイエンスでもなければ、専門技術でもない」と断言している。

ビジネススクールにおける優れた教員というものは、単に理論を教えるばかりではなく、困難を恐れずに問題解決に立ち向かってゆこうとする生徒の心に火をつける人間なのである。

　　　　従来、工学はサイエンスではなく、むしろ実践である

模範文　といわれてきた。とはいうものの、工学はサイエンスを
　　　　多く活用する。マニュアル化すれば効率を高めることが
できるし、効果が実証されている方法論に頼ることもできる。つま
り事前に抽象化して教えられるという点で、工学は専門技術といえ
るのである。

　しかしマネジメントはそうではない。マネジメントの部分にマニ
ュアル化できる部分はほとんどない。ましてや効果が保証されてい
る方法などない。それゆえに専門技術ではなく、教えることができ
ない。

　工学や医学には、さまざまマニュアル化された知識があり、それ
らを学校で学ぶ必要がある。素人は正規の訓練を受けた専門家に太
刀打ちすることはできない。

　しかしこの点マネジメントは違う。きちんと訓練を受けていない
直感型のエンジニアや医師を信用する人はまずいないと思うが、マ
ネージャーの場合、例え一日たりといえども学校に通わなかったと
しても信用してもらえる。

　MBAで育てるべきことは、リーダーとして日々過ごしているマ
ネージャーであって、実践と乖離したスペシャリストではない。

　組織においてプログラム化できる仕事は、マネージャーが直接か
かわる必要のない仕事がほとんどである。

　マニュアル化できる仕事は専門家に任せておけばいいが、厄介な
仕事はマネージャーが引き受けざるを得ない。つまりマネージャー
は手の負えないトラブルや難しい取引先との交渉を引き受けること
になる。

　マネジメントの仕事は、とても形式化できるものではない。その
点からいえば、マネージャーの仕事とは、経験、判断、知恵などの
総合なのである。

人口減少が日本経済に与える影響

**論文の
ポイント**　　わが国が少子化に伴う人口減少に打ち勝って経済成長
するためには「イノベーション」が極めて重要になって
くることは自明である。さてこのイノベーションを街の
側から起こすヒントは「近接性」にある。こう指摘するのは東大経
済学研究科特任教授の武藤祥郎氏である。同氏は、イノベーション
は大学や研究機関をウォーカブルな街中で結合させることによって
生まれやすくなると指摘している。

模範文　　2017年4月10日に国立社会保障・人口問題研究所が公
表した将来推計人口によれば、出生率は1.44であり、5
年前の推計時に比べて多少回復した。このため人口減少
のペースはやや緩和されたとしている（ただし2022年は1.05と過去
最低）。とはいっても、新しい推計でも2065年に日本の人口は8,800
万人で、2115年には5,055万人まで減少してしまうことになる。

　この間に高齢化も進み、現在65歳以上の高齢者が総人口に占める
割合は28％だが、40年後には38％に上昇する。

　人口減少と高齢化は、すでに様々な問題を生んでいる。年金も医
療も、社会保障は現役世代から高齢者への所得移転である。少子化
で現役世代が減る一方の中で高齢者が増えれば、制度の維持は当然
難しくなる。現状では、社会保障の給付総額132兆円（2020年度）
のうち、保険料で約6割しか賄えていない。残りの約4割は、国と
地方公共団体による公費である。しかし税収は十分ではない。これ
が財政赤字を拡大させている最大の要因である。

　このように人口減少は、日本経済や社会に深刻な影響を与えるこ
とになる。しかしながら先進国の経済成長を見るならば、こうした

見方は全く誤っているのである。なぜならば先進国では、イノベーションによって一人あたりの生産性が著しく拡大するからである。

　1964年に東京オリンピックが開催された高度経済成長の時代、日本経済は15年間で年率10％ずつ成長した。ところが人口の増加率は年平均１％で、労働力人口の伸び率は1.3％ほどだったのである。

　労働人口は年1.3％しか増えなかったにもかかわらず、労働生産性、あるいは一人あたりの所得は年９％ずつ伸びた。このことは労働生産性の上昇をもたらすものは、いつの時代であってもイノベーションであることを物語っている。

　今日人手不足が日本企業の経済活動の足枷になっているとの議論があるが、少し長い目で見るならばこれは正しくはない。なぜならば人手不足は、必ず省力化への投資を促進していくことになるからである。

　資本主義経済の200年の歴史は、「人余り経済」から「人手不足経済」への転換の歴史だったということができる。さまざまな形の省力化投資は、人手不足の問題を解決するだけでなく、一人あたりの所得の上昇をもたらしてくれる。このように一人あたりの所得を向上させる源泉はイノベーションである。

　現役世代が大きく減少するのだから、やはり日本経済は苦しくなると危惧する人は多い。日本の生産年齢人口（15〜65歳）は7,700万人だが、半世紀後の2065年には4,500万人まで減少する。これは現在のドイツより少ないものの、英国や仏国よりは多い。

　このように考えるならば、将来への過度な悲観は慎まなければならないことになる。

日本型経済システムの特徴とは

**論文の
ポイント**

日本型経済システムの基本的考え方は、欧米諸国のキャッチアップを目指して、人材・設備・原材料・資本などの経営資源が限られているという制限の下で、企業全体が一丸となってこうした隘路を打開するために構築されたものであった。終身雇用制と年功賃金は、従業員の愛社精神と自己啓発意欲を高めた。

模範文

今日世界の多くの国が採用している経済システムのなかで、日本型経済システムは独特の特徴を持っているとし、1980年代、米国の研究者の間で、「日本異質論」が大いに唱えられたことがあった。この「日本異質論」は、リヴィジョニスト（修正派）といわれた人々の主張であり、わが国では、C・ジョンソン、K・V・ウォルフレンなどが有名である。

これに対して正統派の研究者は、日本は東洋にあって歴史や文化が異なるから、それなりに異質性があるのは当然であるが、民主主義のような政治の基本原則については欧米諸国と同じ考え方を共有しているとし、同じルールに基づいて対話が成立する国と主張する。

リヴィジョニストは、日本の政治経済システムは、欧米とは全く異質のものであると主張する。

例えば、日本政府の市場規制や介入の仕方はあまりにも強力で市場主義経済とは言えないし、日本の株式市場や株式会社の制度は自由な投資家の働きを妨げており、本来の資本主義経済とは言い難いものがある。また国の予算を実質的に支配しているのは、国民が選んだ政治家ではなくして官僚である。したがって日本が本当の意味で民主主義国家であるか否かについては疑念があると批判する。

ところで日本型経済主義は、次のような独特な要素を含んだ市場主義経済である。

　第一に、資源配分においては政府の主導性に強さがあり、したがって政府と民間産業の結びつきは非常に大きいものがあるとしている。

　第二に、企業グループ間の結びつきの強さである。いわゆる企業の系列関係はその具体的なあらわれであるが、それ以外にも様々な結びつきがある。

　第三は、企業における凝集性の強さである。企業は従業員にとっては、極めて完結性の高い組織であり、従業員はその中に包括的に組み込まれるため、集団として強い凝集性を示すことになる。

　明治以来の歴史を振り返って見ると、こうしたシステムが形成されるうえで、3つの重要な段階があった。

　第一は、明治初期の発展途上期である。この時期は日本は、「富国強兵」のスローガンのもとで、政府主導による工業化政策と各種のインフラ整備を推し進めた。

　第二は、昭和10年代における戦時体制下の経済統制の影響である。この時期に日本経済に対しては様々な側面から統制が加えられた。護送船団方式などはこの時代に形成されたもので、したがってこれ以降を指して「1940年体制」と呼ぶこともある。

　第三は第二次世界大戦後の戦後改革である。軍隊の解体、農地改革、財閥解体、労働組合の容認などがその例である。

　欧米の経営の基本は能力主義である。家族主義や集団主義ではなく、社員個々人の能力が有機的に組み合わされる経営である。企業別組合は、企業エゴイズム、一企業優先主義に陥りやすい。企業の存立と発展は地域社会や国際社会とともにあることを忘れてはならない。

日本型雇用制度の現状と課題

論文の
ポイント
　1970年から1991年のバブルの崩壊までは、「日本型雇用（経営）」は世界から絶賛されたものだった。未来学者ハーマン・カーンは、「21世紀は日本の世紀だ」喝破したし、エズラ・ヴォーゲルの『ジャパン・アズ・ナンバーワン』（世界第1位としての日本）という本も出版された。

　当時は日本人の誰しもが、日本的雇用（経営）といわれた終身雇用、年功序列、企業別組合の三本柱を信奉していた。そんなときにバブルは崩壊した。すると日本型雇用ではグローバリゼーションの世の中にあって、立ち遅れてしまうという議論が大勢を占めるようになり、急に成果主義、年俸制が注目されはじめ、また組織改革も叫ばれるようになった。

　ところが2008年リーマンショックに端を発した世界同時不況になると、アメリカ的経営の柱である成果主義は厳しく糾弾されるようになった。すると一転して日本型雇用制度も再評価されるようになったのである。

模範文
　日本型雇用制度の特徴は、（1）終身雇用制、（2）年功序列制、（3）企業別組合の三本柱からなっている。

　第一の「終身雇用制」とは、大学を卒業して会社にいったん入社すると、定年を迎えるまで会社が雇用を保障してくれる制度のことである。

　第二の「年功序列制」というのは、能力に関係なく、年次を重ねるだけで昇給と昇進が達成できる制度のことである。

　第三の「企業別（内）組合というのは、各組合がそれぞれの企業内設けられていることである。企業別組合制は、企業一家意識を限

りなく高まらせ、企業に対する帰属意識を高める。

　1980年代までの日本では、大量生産、大量販売の経営手法が主流であり、何よりも効率が優先された。効率を追求するには、大規模な資本の投入と相まって、人的な技術的熟練が必要だった。

　上記の三本柱は日本型経営の特徴である「家族主義」を助長した。日露戦争から第一次世界大戦の1920年代にかけて、こうした日本型雇用制度が出来上がった。

　家族経営主義の源流は、江戸時代の商家や武家における諸観念にある。第二次世界大戦前までは、企業内で養成した熟練工の定着率が悪く、職の移動は常態化していた。このため、昭和初期より各企業では、終身雇用、年功序列制を設けて、熟練工の定着化を行ったことで、こうした日本的経営の制度が普及するようになった。

　太平洋戦争後、日本的経営はGHQによる財閥解体、労働組合の結成の推奨による経済民主化政策とともに日本の企業は、企業別組合による労使一体による経営と高度成長による右肩上がりの経済成長で定着した。しかし企業成長が横ばいになると、終身雇用放棄論が声高に叫ばれるようになったが、賃上げ抑制などの労使協調で乗り越えた。

　しかし日本では1991年のバブルの崩壊と、グローバリゼーションという名でのアメリカ的経営方式が礼賛されるようになると、日本企業は軒並みアメリカ的経営を実行し、それまでの日本型経営を投げ捨てるようになった。

　ところがその後の景気回復傾向や、失業者増大の中で、日本型経営を継続してきた企業が成功する例もあって再評価の機運も出始めている。

第二次世界大戦後なぜ日本経済が発展したのか

論文の ポイント

「無」から「有」は生まれない。日本が明治維新以来1世紀半にして世界第3位の経済大国に成長した背景には、江戸文明の成熟度の高さがあった。江戸期において日本人の大半は、読み、書き、算盤ができた。太平洋戦争後70数年にして、日本が世界でも有数の先進国になることができた原因としては、戦前すでに日本が英米仏独に次ぐ先進工業国であったことを忘れてはならない。敗戦によって米国が主導するブレトン・ウッズ体制に組み込まれ、自由貿易体制の恩恵を最大限享受できた意義は大きい。

模範文

日本は第二次世界大戦に敗北した結果、台湾、朝鮮、満州などすべての植民地を失った。太平洋戦争によって日本の全土は廃墟となったものの、海外への過剰な負担は一切なくなった。日本が朝鮮、台湾、満州のインフラ整備のためにつぎ込んだ金額は膨大で、到底収支が釣り合うようなものではなかった。

日本は敗北したというものの、それまで培ってきた優れた技術力まで失われたわけではなかった。戦艦大和やゼロ戦に代表されるような、世界に誇るべき高い技術力はそのまま保持され、それらは戦後の大型タンカーや新幹線、YS11などの製造に活かされることになった。今日の日本ブランドの基礎を作った。

戦前日本の国家予算は、50%以上が陸海軍費に使われていた。ところが敗戦によってその軍隊が解体されたため、軍事費の重圧は全くなくなった。その分を社会インフラの整備や社会福祉や教育の充実に当てることができた。

今日の日本人の高い教育水準や世界最長寿は、戦後の日本がいか
に社会インフラ整備のために国家予算を使ったかを物語っている。

　GHQによる民主化改革によって、日本社会から特権階級が一掃
された。一握りの華族や財閥、軍人がいなくなったため、日本は一
億平等の活性化した社会となった。優れた人材は、どんどんと民間
企業に流入することになった。「誰でも努力すれば、マイホームが
持て、幸せな老後が送れる」と信じられる社会になった。

　戦前のわが国の首相は、ほとんどが元老や高級軍人、そして高級
官僚で占められていたが、戦後は田中角栄に見られるように、小学
校しか出ていなくとも首相の座に就くことが可能になった。

　腕がよく、知恵と身体を張っていれば、それなりに幸せな生活が
送れると、日本国民の誰しもが思うようになった。

　わが国を取り巻く国際環境に目を転じてみれば、敗戦したことに
よって、米国を中心にした国際自由貿易体制、すなわちブレトン・
ウッズ体制に組み込まれることになり、日本はその最大の受益国と
なった。

　明治以来今日まで、日本は加工貿易で生計を立てている。原料を
海外から輸入し、それを日本できわめて質の高い製品にして、国富
としている。そのためには、世界が極めて安定していなければなら
ないのであるが、戦後70数年間今日まで、幸いにも米ソが直接対立
した世界戦争は起こらなかった。

　日米安保体制は、安全保障のみならず、経済・文化など日米両国
間の広範な友好関係をうたっている。これによって日本は防衛費1
％以内という極めて少ない防衛費で安全を図ることができた。

　戦前の日本は、明治維新以降10年に1度ずつ戦争があった。戦後
日本が世界第3位の経済大国になることができた最大の原因は、戦
後70数年間全く戦争に巻き込まれなかったことにある。

租税回避の是非を論ぜよ

論文の
ポイント　租税回避問題が世界的に話題になったのは、パナマの
法律事務所「モサック・フォンセカ」から膨大な量の内
部文書が流出したためである。この文書を匿名の人物か
ら入手した南ドイツ新聞は、国際報道ジャーナリスト連合（ICIJ）
とともに分析して、2016年4月、21万以上の法人とその株主らの
名前を公表した。これによって、世界各国の首脳や富裕層が、英領
バージン諸島、パナマ、バハマなどをはじめとしたタックスヘイブ
ン（租税回避地）を利用した金融取引で、資産を隠していたことが
明らかになった。

　アイスランドのグンロイグソン首相は2016年4月に辞任し、パ
キスタンのナワズ・シャリフ首相も、2017年7月辞任した。この他、
ウクライナのポロシェンコ大統領、サウジアラビアのサルマン国王
などもタックス・ヘイブンを利用していたと指摘された。

　中国の習近平国家主席の義兄がバージン諸島に、2法人を設立し
ていたことも明らかになった。また2017年6月までにパナマ文書
に名前があった日本関連の個人や法人については、日本の国税庁が
調査を行い、所得税など総額31億円の申告漏れがあったとも報じ
られた。

模範文　「タックスヘイブン」とは、法人税や所得税など税率
が低かったり、全く課税されなかったりする国や地域を
指す。会社設立の手続きが容易で、銀行口座や金融取引
といった顧客情報の秘密を徹底して守ることに特徴がある。

　英領のケイマン諸島やバージン諸島のほか、バハマ、パナマなど
カリブ海の小国などがその代表例である。

欧州のリヒテンシュタインやルクセンブルクなどをあげる場合も
ある。スイスや香港、シンガポールといった、規制が緩やかな世界
金融センターを含める考え方もある。

それではなぜこうした地域や国々がタックスヘイブンになるのか
であるが、資源や産業のない小さな国や地域は、低い税率で外国か
ら投資を呼び込もうとする。それは例え税金は取らなくても、会社
設立の手数料などを得ることができるからである。

「パナマ文書」は、ロシアのプーチン大統領、中国の習近平国家
主席、英国のキャメロン元首相、アイスランドのグンロイグソン元
首相ら多くの指導者の親族や側近らの関与を明るみにした。

実態が見えにくいため、これまで租税回避地の役割を過小評価す
る声もあったが、今回の報道を通してその実態が明らかになった。

租税回避を利用するのは、多国籍企業か富裕層などの個人が多い
が、「パナマ文書」では特に個人による利用の実態に注目が集まった。

民主的な先進国から専制的な国々の関係者まで、広範な利用の実
態が浮き彫りになった。

「カネ、名声、力を持つ人と、それ以外の人ではルールが異なる」
ということが、明白に示された事例となった。

近年の金融危機や格差の拡大を受け、ここ数年、欧州では企業の
富裕層による租税回避地の利用に対する怒りが溜まっていた。租税
回避地を利用した課税逃れ自体は、犯罪ではない。しかし経済的、
政治的な影響は考慮しなければならない。

資産家が租税回避地の会社に資産を移すと、その資産に税金がか
からず、相続税の対象にならないことがある。たとえ合法であって
も、格差が問題となる時代に富裕層が税金を支払わないとなると、
ますます格差を拡大し、民主主義を深く傷つけることになる。また
マネーロンダリングの問題が生ずる恐れもある。

秩序の混迷は米国衰退の予兆か

**論文の
ポイント**
いかなる国家も興隆と衰退の歴史から逃れることができない。古代ローマ帝国の歴史を見るまでもないことである。18・19、そして20世紀初頭まで世界の覇権を握っていた大英帝国といえども、第一次世界大戦を境にして世界の覇権を米国に譲った。賢明な指導者は、同盟国と連携して衰退の速度を緩める工夫をするはずである。

模範文
「国際政治の本質は覇権をめぐる権力闘争である」と喝破したのは、国際政治学の大家であるハンス・モーゲンソーである。第二次世界大戦後、米ソ両超大国による冷戦が発生した。世界は自由民主主義を標榜する米国を中心とする自由主義圏と、共産主義を信奉して世界革命を叫ぶソ連を総本山とする社会主義圏に二分化された。双方とも核戦争も辞さずとの強硬な態度をとったが、核戦争になれば両陣営とも共倒れになるため、米ソによる直接的な武力戦争は慎重に回避された。

　1962年の「キューバ危機」は、米ソによる核戦争の可能性が最も高まった事件だったが、かろうじて避けることができた。その後米ソ間にホットラインなどが設置されることになり、いわゆる「平和共存政策」が推し進められることになった。

　しかしながら「平和共存政策」の下でも、米ソは自由主義と共産主義の旗を降ろすようなことはなかった。双方とも直接の武力戦は慎重に避けたが、局地戦争や代理戦争、そして経済戦やイデオロギーの分野で、どちらの体制が優勢なのかをめぐり熾烈に戦い続けた。

　しかし1989年、ソ連は軍事費の重圧と経済の極度の不振から自壊

することになった。共産主義の総本山のソ連の自壊は東側陣営の崩壊を招き、ベルリンの壁は消滅した。

世界は米国の下に再編されるかに見えた。

アメリカの政治学者のフランシス・フクヤマは『歴史の終わり』を著わし、世界史は自由主義の勝利で終わると説いた。

ところが長年のベトナム戦争による疲弊とリーマンショックを起因として、米国の力の衰えが顕著になった。

21世紀になると、こうした間隙を縫うかのように中国が台頭した。中国はアヘン戦争以後、西洋列強から浸食され続けていたが、そうしたうっぷんを晴らすかのように東南アジアに対する進出を急ピッチで進めている。習近平国家主席が唱える「一帯一路」は、中国による現代版の覇権宣言である。

このような時期に誕生した米国トランプ前大統領は、「米国第一主義」を声高に唱えた。米国は第二次大戦直後に比べて弱体化したとはいうものの、IT革命で先鞭をつけた結果、長年繁栄を続けている。政治的、軍事的、経済的に、世界をリードする国家であることには変りはない。

ところがこのことを自覚しないトランプ前大統領は、すべての分野で「米国第一主義」でないと満足せず、自由民主主義の旗手の誇りと責任を全く自覚していなかった。

「敵」概念の不明瞭さは、「味方」の同盟の概念を危ういものにする。北朝鮮の金正恩との直接取引は、東南アジアの軍事情勢に深刻な影響を及ぼした。ヨーロッパの要の国家であるドイツのメルケル前首相を罵倒したため、NATOの結束は必然的にタガが緩む結果になった。行き先の不透明な状況は、今もなお続いている。

国際政治の本質とは

論文の
ポイント 　2022年2月24日、プーチン大統領のロシア軍は、れっきとした独立国であるウクライナに対して、あからさまに侵略した。以来これまで1年以上に渡り、われわれは毎日テレビを通してウクライナ国民の悲劇と悲しみを目にすることになった。

　今やプーチンは、ウクライナを「特別軍事作戦」と称して、占領・併合の理由にすることもなくなり、ウクライナに対する侵略の理由を、米国が指導するNATOに対する防衛戦争などと論理をすり替えている。

　「日本には平和憲法があるから大丈夫」式理屈は、世界で通用しない。国際社会の本質は、いまだに弱肉強食の社会である。国内社会で犯罪が起これば、国家は犯人を探し出し、それ相応の処罰を下してくれるが、国際社会の場合、犯罪国家を見逃がしてしまうことが多々ある。200か国余りが加盟している国際連合は、その第一の使命を国際社会の安全保障に置いているが、それが果たせずにいる。そうであるならば、それぞれの国家指導者がとるべき第一の使命はまず国家の安全ということになる。米国の国際政治学者のモーゲンソーは「ナショナル・インタレスト」と称している。

模範文 　国際社会が国内社会と大きく違う点は、国内社会が一元的権力によって統制されているのに対して、国際社会の場合は、各国それぞれ異なった政府と権力によって統制されている点にある。

　したがって極論を言ってしまえば、国際社会では正義の数は国の数ほどあるということになる。

国内社会が成熟した社会なのに対して、国際社会は未だにジャングル的な支配関係が通用する社会なのである。このためそれぞれの国家にとって最も重要なことは、いかにして国家の存立を図るかということになる。

　例えば殺人が起こったとしても、国内社会においては、当事者が犯人を捜し出して仇討することは禁止されている。人を殺めた者に対しては、国家が代わって犯人を捜し出して、それ相応の制裁を加えてくれる。

　しかしながら国際社会の場合、侵略された国家はそのまま放置される場合が多い。なぜなら侵略した国家が相当の軍事力を持っている場合が多いからである。

　侵略された国家に代わって、国際連合などがすぐさま救済に向かうという事態には、残念ながらなかなかならない。

　戦後国連が平和維持活動に積極的に関わった事例としては、イラクのフセインによるクエート侵略に対して、米国を中心に多国籍軍が組織され、クエートを救済したことぐらいである。このときは米ソの冷戦が終結していたため、これが可能となった。

　その他のほとんどの紛争では、米ソの冷戦が影を落していたため、米ソ両国は互いに拒否権を発動し合った。このため国連の安全保障理事会は機能不全に陥ってしまった。国際社会では、侵略された国家が馬鹿を見ることになるのである。

　国家指導者が行わなければならない第一のことは、国家を侵略から守ることである。もしも侵略された場合には、侵略者に立ち向かってこれを撃退しなければならない。これができなければ、国家指導者としては失格である。

　評論家は気の利いたことを言っておれば金になるが、国家指導者にとって侵略を許すことは万死に値することなのである。

「新冷戦」時代に、日米はいかに対処すべきか

論文の
ポイント　日本と米国はともに海洋国家である。両国とも国家繁栄の基盤は、海洋の自由に置いている。それぞれの商船やタンカーが自由に海洋を往来しえて、両国の生存と繁栄を図ることができる。これを阻害することは、両国にとって死活的なことになる。日米両国が日本―台湾―フィリピンの線を守ることができれば、太平洋海域の安全は非常に容易である。反対にこれが果たせなければ、米国はその胸元に刃を突き付けられることになる。

　中国は、台湾を併合することを国家目標にすると宣言している。具体的には、2025〜27年あたりに行動に出ると言われている。

　ここに至り日米両国が取り得る選択肢は、中国の行動を容易に許さない戦略である。台湾併合に対する中国指導者の意図を思いとどまらせている間に、中国指導者の考えの転換を図り、台湾と中国の存立を図ることである。香港や新疆ウイグルの事例を見るまでもなく、中国共産党一党独裁の中国と共存共栄を図ることはほとんど無理である。

模範文　米国のバイデン大統領は、中国を「米国に対抗しうる唯一の競争相手」と位置付けている。米国としては、中国との覇権争いに打ち勝つために、日米の補完関係を深めることで対中競争力を強化したい考えだ。

　ジェイク・サリバン大統領補佐官（国家安全保障担当）は、2021年1月の政権発足直後の講演で、以下のような対中戦略を披露した。

　（1）民主主義の基盤の再構築、（2）経済覇権の奪取に向けた同盟国・友好国との効果的な連携、（3）人工知能（AI）など先端技

術の競争力強化、（４）中国と対話し、懸案には断固たる対応を取る、などである。

　米国としては世界第３位の経済大国である日本と、安全保障に止まらない幅広い分野で関係強化を目指したい考えだ。高速・大容量通信規格「５Ｇ」の通信網整備やAIなどで、日本の高い技術力に期待している。

　米カーネギー国際平和財団のジェームズ・ショフ上級研究員によれば、「米国は日本をインド・太平洋地域で最も能力の高い同盟国とみなしており、経済や技術、医療など多様なパートナーへ転換させようとしている」としている。

　一方の中国は、台湾問題を絶対に譲れない「核心的利益」と位置付けている。このため他国の動向に敏感になっている。

　日米は、佐藤栄作首相とニクソン大統領による1969年の共同声明で、「台湾地域における平和と安全の維持も、日本の安全にとって極めて重要な要素」と明記した。

　ところが最近、中国による台湾への軍事的挑発は激しさを増しており、中国軍機は台湾の防空識別圏への進入を繰り返している。また中国は、香港での民主派の弾圧や、新疆ウイグル自治区でのウイグル族に対する人権弾圧に関して、各国から非難を浴びている。

　米軍は、中国が軍創設百年に当たる2027年までに台湾に武力侵攻する可能性があるとみて警戒している。

　台湾は日本の南西諸島に隣接している。したがって有事があれば、日本への影響は必至である。岸防衛相（当時）としては、「台湾海峡の情勢には高い関心を持って今後とも注視していきたい」と述べている。

海洋支配を積極化する中国にいかに対処すべきか

論文の
ポイント

　　　　　昨今積極化している中国の海洋進出によって、日本の固有の領土である尖閣の安全と保全は憂慮すべき状態になっている。日本政府の公式の見解では、日中間に領土問題は存在しないとしているが、一方中国は1992年に海洋法を制定し、釣魚島（尖閣諸島）を自国領に含めた。

　こうした中で、日本、米国、オーストラリア、インドの４か国は、自由、民主主義、法の支配の確立を目指して、「クワッド（QUAD）」と呼ばれる枠組みを作り、中国の覇権主義的な動きに対抗しようとしている。

　2023年５月24日には、東京においてクワッド首脳会議が開催されることになっている。これまで、ワクチンをはじめとする新型コロナ対策、気候変動、宇宙、サイバー、インフラ、重要・新興技術などの６分野で作業部会を立ち上げていたことから、その進捗状況を確認し、さらなる協力関係についての協議が行われる見通しである。

　今回のクワッドでは、議論の成果を盛り込んだ共同声明が発表される見通しである。インド太平洋への４か国の強固な関与を確認し、中国を念頭に、ルールに基づく海洋秩序への挑戦に対抗する方針を明記する方向で現在調整が行われている。

模範文

　　　　　最近、海洋支配にかける中国の積極的な行動が目に付くようになった。2010年９月、東シナ海の尖閣諸島沖で起きた中国漁船衝突事件は、いまだにわれわれの記憶に新しいところである。

　上記の衝突事件以来、尖閣諸島に対して領有権を主張している中

国は、この周辺海域における漁業監視船の示威行動を常態化させている。最近は南シナ海の海洋権益をめぐって、軍事力を膨張させる中国とフィリピンの間で対立が尖鋭化してきた。

南シナ海のスカボロー礁（中国名・黄岩島）で、中国漁船がフィリピン海軍艦艇の立ち入り検査を受けたのを端緒に、中国側が巡視船を派遣し、双方の艦船のにらみ合いが長期間続いている。スカボロー礁を巡っては、中比双方が領有権を主張している。

フィリピンは、国際海洋法裁判所で領有権問題を解決するよう提案したが、これに対して中国は、「フィリピン側による事態の拡大に対するためのさまざまな準備ができている」と、強く警告している。フィリピンなど周辺国に比べて中国の海洋力は圧倒的である。空母の配備まで計画していると言われている。

中国共産党で対外交流を統括する王家瑞（ワン ジャールイ）対外連絡部長（閣僚級）が、サモア、フィジー、ミクロネシア、トンガ、バヌアツの太平洋島嶼5カ国の国会議長らを招いて会談して、「中国と太平洋島嶼国は同じ発展途上国。地域の平和、安定、発展を促進することは共通の利益だ」と呼びかけた。

2012年5月26日、名護市で開かれていた「第6回太平洋・島サミット」の首脳会談は、首脳宣言「沖縄キズナ宣言」を採択した。このサミットでは、初参加の米国が太平洋島嶼への関与を強く打ち出し、日本やオーストラリアとも協調して中国の進出を牽制する構図が鮮明となった。

南シナ海の平和と安定は、東南アジア諸国にとって不可欠であるだけでなく、シーレーンの安全確保は日本としても最優先しなければならない国益でもある。漁船と監視船を組み合わせた行動で「中国の海」の既成事実化を図ろうとする中国に対して、日本は対処する必要がある。

アメリカの軍事戦略とは

2022年末の現在、ウクライナ戦争の勝敗の帰趨は定かでないが、いずれプーチン・ロシアが敗北することは自明である。現在でもロシア軍は、既に10万人以上の戦死者を出しており、死傷者は戦死者の3.5倍とするのが専門家の常識だから、30万5千人ほど出ていると思われる。それほどのロシア人兵士を失って、プーチンが大統領の座に留まるのは全く不可能であろう。早晩プーチンとロシアは立ち直ることが難しい悲劇的な運命を辿ると考えている。

さてそこでの米国の軍事戦略であるが、ロシアと中国に対して米国は、「封じ込め戦略」をとるのが妥当と考える。

本来「封じ込め戦略」は、第二次世界大戦の直後、ソ連スターリン書記長による膨張に対して、外交官ジョージ・ケナンの立案に基づいてトルーマン大統領が打ち出した戦略であるが、結果的には1989年のソ連の崩壊によって成功した。米国としては、世界戦争に至らない範囲で、ロシアに圧力をかけ続けるであろう。

1947年3月にトルーマン大統領は「トルーマン・ドクトリン」を発表し、共産主義の脅威にさらされているギリシャとトルコへの援助を公約した。このドクトリンは米国が打ち出した最初のグローバルな冷戦政策だった。

さらに同年6月、米国は「マーシャル・プラン」(欧州復興計画)を公表し、欧州諸国の経済復興に乗り出したが、その真意は経済的手段を通じて欧州からソ連の影響力を排除することにあった。

また軍事面では、米国に主導されて、1949年4月に反共軍事同盟である「北大西洋条約機構(NATO)」が結成された。米国による

これら一連の冷戦政策は、「対ソ封じ込め政策」と呼ばれる。

　米国の冷戦政策に対抗して、ソ連側も自陣営の結束を推進した。1947年10月には、ソ連・東欧諸国および仏伊の各国共産党を組織して、コミンフォルム（共産党・労働者党情報局）を結成し、各国共産党の意思疎通を図ると共に、ソ連共産党への従属体制を固めた。1949年１月には「COMECON（経済相互援助会議）」が創設され、社会主義諸国間の経済協力と分業体制の促進が目指された。

　軍事的には、それまでソ連と東欧各国の二国間条約下にあったものを強化して、1955年にソ連８カ国からなるワルシャワ条約機構が結成され、NATOに対抗し得る東側の軍事協力体制が固められた。

　1949年８月ソ連は原爆実験に成功し、核兵器が西側だけの占有物でなくなった。それ以後米ソは、互いの核攻撃に脅え、相手の核攻撃を誘発するような軍事行為を自制する必要に迫られることになった。こうして核兵器は、互いの軍事的挑発を抑制する「抑止力」としての役割を担うことになった。

　核兵器の抑止力を確実にするためには、手持ちの核兵器が相手の先制攻撃によって無力化されることを防がなければならない。そのためには米ソ両国は核兵器の量産に努め、いかなる事態にあっても必ず相手に報復し、破壊を確実にするだけの核兵器の存在を誇示せねばならなかった。このような報復能力の充実による抑止強化策は「相互確証破壊（MAD）」戦略と呼ばれている。

　MADは東西の安定的均衡を担保する戦略ではあったが、その代価としておびただしい核兵器の増産と軍拡競争の過熱化をもたらした。

　人類を全滅するほどの究極兵器としての「核」。この「死の恐怖」のもとで編み出された「相互確証破壊（MAD）」戦略に代わる有効な戦略は今のところない。

世界に跋扈するポピュリズムに
ついて論ぜよ

　　ポピュリズムとは、特権的なエリートに対して、民衆
の要求に基づいた政治の主張や運動を行うことをいう。
「大衆迎合主義」も同様であり、あまり肯定されること
ではない。近年では米国トランプ前大統領の政治手法などは、まさ
にポピュリズム政治の典型である。奇抜な考えや強いリーダーを演
出することによって有権者の支持を集めようとするもので、テレビ
やSNSを多用する今日の選挙では、大なり小なりポピュリズムが無
視できなくなっている。日本の首相選出制度は、議院内閣制を採っ
ているのであまりポピュリズム政治に陥ることはないが、それでも
小泉純一郎元首相は「反郵政」のスローガンを掲げて総選挙に打っ
て出て勝利を収めた。

　地方自治体の首長選挙は住民の直接選挙であるため、ポピュリズ
ム政治に偏りやすい。知性や政策よりも知名度が最優先されること
になる。さすればテレビなどで「顔が売れている」タレントや歌手、
アナウンサーの類が候補者となり、当選する場合が多いことになる。
有権者の票になりにくい、国防・外交・エネルギー・産業問題など
の複雑な問題を国民や住民に訴えずに、極めて単純化したシング
ル・イシューやスローガンを「公約（？）」に掲げることになる。
例えば、プロレス選手、国会で発売される新曲を売り込んだ歌手、
当選したにもかかわらず一度も国会に登院しない人間などは、ポピ
ュリズム政治の悪しき典型といえる。

　　米国トランプ前大統領が唱える「米国第一主義」など
は、ポピュリズムの際たるものである。国際社会にあま
り影響を与えない小国がこれを言うのであれば無視して

もいいが、世界を牽引している超大国の米国が唱えるとなると、その影響力は計り知れないことになってしまう。

　結論を先に言ってしまえば「米国第一主義」には未来はない。これまで世界を仕切ってきた米国が真っ先に自国優先主義を言い出せば、他の諸国もわれ先に自国優先に走り出し、収拾がつかないことになってしまう。

　その行く先は、ちょうど1930年代の悪しき「ブロック経済」の再来となるのは必至である。

　1929年10月米国の株式は大暴落し、それが瞬く間に世界に伝播した。この時代、今のドルに相当する世界通貨のようなものはなかった。そのため列強は、それぞれ自国通貨を使い出した。しかしそれはそれぞれの経済圏の中でしか通用しない通貨であった。

　南北米州では米国のドルを基軸通貨としたし、英国の経済圏ではポンドを基軸通貨とした。フランスの経済圏ではフランを基軸通貨とした。

　このためドイツやイタリア、日本などは割を食らい、世界市場から締め出されてしまった。

　こうして「持てる国」と「持たざる国」の二大ブロックが形成されることになった。これが結局、第二次世界大戦の勃発につながる引き金となったのである。

　ポピュリズムは、一般大衆の利益や権利、願望、不安や恐れを利用して、大衆の支持の下に、既存のエリート主義である体制側や知識人などと対決しようとする政治思想、または政治姿勢のことである。「衆愚政治」や「大衆迎合主義」などの意味もある。近年の英国のEU離脱や米国トランプ前大統領の誕生など、ポピュリズムの跋扈を印象づける事例が多数起きている。

　これまで日本でも、タレントでコメディアンであった青島幸男氏が参議院選挙に当選したことがあった。その後青島氏は東京都知事

にまでなった。

　青島氏が何をやったか、どんな功績があったか。停滞以外の何物でもなかった。さらには大阪府知事に当選したコメディアン横山ノック氏がいるし、宮崎県知事に当選した東国原英夫氏がいる。「イレブンPM」の司会で有名だった大橋巨泉の参院選当選などもあった。ポピュリズムを売り物にしたタレント議員の誕生は枚挙にいとまがない。

　政党でも橋下徹氏が主導して作った「大阪維新の会」および「日本維新の会」、小沢一郎氏の「国民の生活が第一」、そして東京都議会議員選挙で圧勝した小池百合子知事が率いる「都民ファーストの会」などは、いずれもポピュリズムに基盤を置いた政党と言っていいだろう。

　ポピュリズム政党は、複雑な問題を超短絡的にシングル・イシューに限局しようとする。あるいは一人の人物を「スケープゴート」に仕立て上げることによって、民衆の眼を本質から逸らせようとする。

　小泉純一郎は、郵政民営化に反対する勢力に対して、「守旧派」のレッテルを貼ることによって首相になり、いわゆる「郵政選挙」に圧勝した。都議会議員選挙で小池都知事は、内田茂前自民党都連幹事長を「ドン」に仕立て上げることによって極悪人のイメージを作り上げ、勝利を収めた。内田氏自身は人道を踏みにじった極悪人ではないと思うが、ポピュリストの格好のターゲットになった。

　ポピュリズムの最悪の例は、何と言ってもヒトラーが指導したナチス党である。

　ヒトラーは、第一次世界大戦後のドイツの窮状をベルサイユ条約に求め、「ベルサイユ体制の打破！」と「ユダヤ人撲滅！」という悪魔的スローガンを掲げて、1933年首相の座に着いた。ヒトラーは、自著『マイン・カンプ（わが闘争）』で著した通り、ユダヤ人を強

制収容所に集めガス室で虐殺するという言語に絶する蛮行を行った。

　さらにはドイツの「レーベンスラウム（生存圏）」獲得のためと称して、オーストリアを合邦し、チェッコを解体し、ポーランドの南半分を併合するという具合に侵略を重ねて行った。しかしドイツは第二次世界大戦に敗北したことによって、東西の二つに分断されることになった。

　ユーゴスラビア紛争の張本人のスロボダン・ミロシェヴィッチなどは、悪しきポピュリストの典型であった。ミロシェヴィッチが指導するユーゴの中心であるセルビア共和国では、セルビア人によるボスニアからの独立を目指して戦争に訴えた。戦後ミロシェヴィッチは欧米から独裁者とみなされ、戦争犯罪に手を染めた人物として逮捕されるに至った。彼は戦犯として国際司法裁判所に起訴され、収監先のオランダのハーグで獄死した。

　米国トランプ前大統領の唱えた「アメリカ・ファースト」の政策は、はなはだ矛盾に満ちていた。世界の多くの人々はこのトランプの政策に大いに疑問を抱いた。空母カール・ビンソンを朝鮮半島近海に派遣して北朝鮮に圧力をかけるかと思えば、途中で腰砕けになった。米朝の核放棄合意もはなはだ怪しかった。世界を騒がせる単なる宣伝以外の何物でもない。

　安全保障政策も、気候変動に関するパリ協定からの離脱も、総てにおいて一貫性のあるものではなかった。そのため世界の米国に対する支持は大幅に減じる結果になっている。米国は「自由の旗手」として、世界の人々から尊敬を受ける国ではなくなっている。このように観るならば、米国の国益は大きく減退しているといえる。いずれにしても今は人気取り政策であるポピュリズムの嵐が世界各地で吹きまくっているのである。

ロシアのウクライナ侵攻について考えを論ぜよ

論文のポイント　2022年2月24日、ロシア軍によるウクライナへの軍事侵攻によって、プーチン・ロシアは国際社会から完全に孤立した。侵攻前は蜜月ぶりを示していた習近平の中国も、微妙に距離をとり始めている。プーチンを支持しているのは、イランと北朝鮮ぐらいである。「大ユーラシア主義」を掲げてウクライナに侵攻した結果、プーチン・ロシアは世界のどこからも一挙に支持を失ったのだから、これほどの失敗はないといえる。

　また現在ウクライナに侵略しているロシア軍による国際法違反の残虐行為の数々を、世界中の人々はメディアを通して目にしている。もはやプーチンとロシアの将来に、明るい未来はないと断言できる。

模範文　2022年2月24日、ロシアはウクライナに攻め込み、戦争が始まった。それではロシアはなぜ「兄弟国」とも言われた隣国に侵攻したのであろうか？　その理由を考察してみる。

　ウクライナは、東をロシア、西を欧州連合（EU）の国々に囲まれた人口4千万人超の国である。国土は日本の1.6倍、耕地面積は仏国の1.8倍もある。小麦などが沢山取れることから、「欧州のパン籠」とも言われている。国旗の空色と黄色の2色は、青空と小麦の黄色い畑を表わしている。今の首都キーウに生まれた「キエフ公国」（キエフ・ルーシ）は10〜12世紀に欧州の大国になり、同じ東スラブ民族からなるロシア、ウクライナ、ベラルーシの源流となった。「ルーシ」とはロシアの古い呼称である。

　13世紀のモンゴルなどによる侵攻などで、キエフ・ルーシは衰退

した。その後栄えたモスクワが「ロシア」を名乗り、「キエフ・ルーシ」を継ぐ国と称した。このように、ウクライナは東スラブの本家筋に当たり、分家筋のモスクワが台頭したともいえる。

ウクライナ一帯は、その後さまざまな大国に支配された。1922年にソビエト社会主義共和国連邦（ソ連）が誕生すると、ソ連を構成する共和国の1つになった。1930年代には、ソ連の支配下で大飢饉が起こり、数百万人の犠牲者が出たといわれている。

1986年にはキエフの北110キロにあるチェルノブイリ原発で事故が起き、広い範囲の住民に深刻な健康被害をもたらした。

ソ連が崩壊した1991年に独立を宣言し、その後、国内では親ロシア派と親欧米派との間で対立が続いて来た。

ロシア系住民は2割ほどいる。「ウクライナ語」が国語であるが、「ロシア語」を話す人も多い。文法は似ているが、語彙に違いがある。

今回のロシアによるウクライナ侵攻によって、ウクライナの激しい抵抗を生んだだけでなく、欧米諸国をはじめとして国際社会から強い批判を招いた。

これまで長らく中立政策を採っていたスウェーデンとフィンランドは、NATOに加盟することになった。「NATOの東方拡大」を懸念していたプーチンとしては、逆に一層のNATO拡大を招く結果となり、さぞかし臍をかんでいることだろう。

ウクライナ侵攻に当たりプーチンは、「ロシア、そして国民を守るには、他に方法はなかった」と述べた。親露派の組織が占拠しているウクライナ東部で、ロシア系住民をウクライナ軍からの攻撃から守り、ロシアに対する欧米の脅威に対する「正当防衛」を主張したが、ウクライナ国民の激しい抵抗を見ると、これは明らかにプーチンの誤った判断だったと言わざるを得ない。

ロシアによるウクライナ侵攻、
終結の方法

その１つは、プーチンが失脚、あるいは何らかの理由で死亡することによってロシア政局が変わり、ウクライナ戦争が終結するシナリオである。

第二は、2014年にロシアが親露政権を打ち立てたウクライナの東部４州をロシアが手放す代わりに、クリミア半島をロシアが獲得する形で停戦協定が成立するシナリオである。

第三は、ウクライナの東部４州およびクリミア半島のすべてをウクライナが取り戻し、2014年以前の状態にして停戦するものである。

この場合は、ロシア側が全面敗北を認めなければならないから、相当ハードルが高い。またプーチンの失脚はロシア政局の大転換を招くため、世界政治の大転換も必然的に起こることになる。

（１）今回のウクライナ戦争で、「和平派」の立場をとる和田春樹氏（東大名誉教授）の主張は、次のようなものである。

和田氏は、ロシア軍による侵攻が始まって間もない2022年３月15日、国内の研究者との連名で、「ロシア軍とウクライナ軍は戦闘を中止し、正式に停戦協議を開始すべし」との声明をオンライン上で発表した。

ところが一方、首都近郊のブチャにおいて大量の市民がロシア軍によって虐殺されていたことが判明すると国際社会は驚愕し、一段とプーチンに対する批判が厳しくなった。

ウクライナ国内では、プーチンのロシアとは絶対に妥協することができないとする世論が一挙に盛り上がった。

それまでウクライナ人の間には、「ウクライナとロシアはひとつ」

という甘い幻想もあったが、ブチャの虐殺事件以降は、主敵をロシアと定めた世論が形成されることになり、外国から戻って祖国防衛のために進んで兵士になろうとするウクライナ人が大勢出てきた。

　片やロシアでは、今回のプーチンによるウクライナ戦争に大義を見出し難いとして、数10万人の規模で若者が外国に脱出する事態になっている。

　こうしてみると、ロシアとウクライナのどちらに勝算があるかは自ずと明らかである。中国を除いて国際社会から全く孤立しているロシアが、今回のウクライナ戦争に勝利する可能性はほとんどないといっていい。

　和田氏はNHK記者のインタビューに対して、「徹底的に叩きのめそうとすれば、果てしない全面戦争となる。ロシアに対して反省を求めることはあったにしても、敗戦国の様に降伏を求めて終わらせてはならない。……プーチンに対して、復讐主義が起こるような屈辱感を与えることは、ベルサイユ条約に不満を持って登場してきたヒトラーのようになりかねない」と述べている。

　和田氏の言い分は宥和的に満ち満ちている。和田氏は、この戦争がプーチンの歪んだ国際政治観から出ていることを、全く閑却している。さらに和田氏は、「プーチン大統領に対し、いい加減にしてくれと言う所はもちろんあるが、ロシアには彼が出てこらざるを得ない状況があったのも事実で、プーチンはソ連崩壊後の混乱を克服して、ロシア国家を強くしたのである」とプーチンを擁護している。

　（2）一方「正義派」の立場をとる山添博史氏（防衛研究所の主任研究官）の見解は次のようなものである。

　山添氏は、「ロシアがウクライナに軍事侵攻したことには何の正当性もなく、ロシアが撤退した上でクリミア半島や東部地域を含むすべてのウクライナの領土が回復されるべきである」と主張する。その上で、「ウクライナが国境の回復に向けてロシアを追い返すこ

とを目指して支援を求める限り、各国にとってもできる限り協力しなければならない」としている。

　さらに「仮にウクライナ軍と親ロシア派の武装勢力との間の紛争を解決しようと、2014年と2015年に結ばれた「ミンスク合意」のようなものが成立したとしても、あとでロシア側が今回のように合意内容への不満を理由に、新たな軍事侵攻を起こす可能性もある。ロシアとしてはウクライを同一になることを目指しているのであるから、それが果たされるまで停戦は一時的なもので、ロシアは軍の態勢を整えて軍事侵攻を再開することも想定しなければならない。しっかりした現実の裏付けのない停戦は和平に直結しない」としている。

　「仲介を求めるということが、ウクライナかロシアから出てくるのであれば、国際社会が仲介を担うようなことはできるかも知れないが、それに至らなければ、仲介といっても仕方がない。ロシアがウクライナから撤退しなさいと呼びかけるならばともかく、それが果たされない状況では、停戦などできるわけがない。この状態を早く終わらせるためには、ロシアが退くまで追い込むしかないのであって、今の状況で停戦和平というのは到底現実的でない」

　「ロシアはウクライナが主権国家ではないと勝手に解釈し、国際規範を無視して戦争を始めた訳である。これは国際関係の基本的なルールの大きな違反ということになる。それを許容したままでは、国際関係の基本が大きく損なわれてしまう」と主張している。

　以上、プーチンを擁護する和田春樹氏の見解と、プーチンを厳しく批判する山添博史氏の見解を見てきたが、ロシアによるウクライナ侵攻はまがりなりにも保ってきた第二次世界大戦後の国際社会の平和を真正面から破壊する蛮行であると考える。ウクライナ侵攻によってロシアが早晩、二流国家に転落することは避けられない。

「新ユーラシア主義」とは何か

論文の
ポイント

「新ユーラシア主義」とは、ロシアのプーチン大統領による冷戦以前のソビエト連邦の再現を思わせる大ロシア帝国主義の焼き直しである。こんな考えをぶち上げて、国際社会が黙っているわけがない。「毒殺」「暗殺」が常套化しているプーチンの手法に対して、世界の人々は強い憤りを持っている。この「新ユーラシア主義」を褒めたたえているのは、北朝鮮、中国、イランなど、国際社会から嫌悪されている国でしかなく、その未来は暗い。

模範文

今回のウクライナ危機の原因について、私を最も納得させたのは、ロシアの侵攻から2日後に『読売新聞』に掲載された元東京外国語大学学長で元名古屋外国語大学学長亀山郁夫氏の論考である。それではその亀山氏に論考の内容について、以下紹介したい。

「侵攻の報を聞いて真っ先に思い出したのは、2014年のソチ五輪最終日の出来事だ。プーチン大統領も私も閉会式に出ていたその日、親ロシア派政権が崩壊。ヤヌコビッチ大統領は国外脱出を余儀なくされた。ロシアの復権を世界にアピールすべき晴れ舞台で恥をかかされた屈辱感を、これ以降プーチン氏はずっと抱いていたのだろう。NATO（北大西洋条約機構）の東方拡大への反発というロシアの国家としてのアイデンティティの問題だけでなく、傷つけられた個人的プライドを回復したいという感情も働いているのではないか」

亀山氏によれば、共産主義崩壊という大義が失われた後、プーチン氏が新たな国家のアイディンティティにしたのが、「新ユーラシ

ア主義」だとしている。

　この「新ユーラシア主義」とは、ロシアを「ヨーロッパでもアジアでもない」独自の存在と定義する思想のことである。つまりロシアを中心とした文明圏の再構築を企図するこの立場では、共に旧ソ連に属していたロシアとウクライナは不可分な「兄弟国」であり、ウクライナのNATO加盟は、ロシアにとって絶対に認められないという結論になる。

　プーチン氏は、アフガニスタンからの撤退を行なったバイデン政権であれば、ウクライナ問題においても米国は強い態度に出てこないと確信したのであり、今こそウクライナの欧州接近を阻止する絶好のチャンスだと考えたのだという。プーチン氏にとっては、この考えは今や、誤った「救世主」使命感にまで高まっているかのように見えるとしている。

　ロシアの内面的な論理に目を向けると、「ロシア人は歴史を引きずるが、歴史から学ばない」のだそうだ。絶対的な権力が失われれば、社会の無秩序が制御不能になるのではないかと恐れるロシア人は、グローバリズムに対抗するためだけでなく、自らを統制するためにも強大な権力を本能的に求める。プーチン氏の側近たちが、これ程異常な決定に誰も異を唱えないのは、このためである。

　ソ連崩壊というアイディンティティの危機を克服するためには、西欧に対して自らの価値観を声高に主張して、その圧力を跳ね返し、自分たちの領域を守らなければならない。常軌を逸した決断に奔ったプーチン氏はウクライナを失うことへの恐怖に支配されており、それがロシアのアイディンティティの崩壊、さらには自らの政治的基盤の崩壊につながると思い込んでいることを指摘している。

　亀山氏は最後に、「ロシアが時代遅れの古い観念から抜け出して、ウクライナと世界に対して和解の態度を示すことを切に祈っている」と結んでいる。

地政学とは何か

論文の
ポイント
世界の地理と戦略的な状況を絶えず念頭に置きながら策定される一国の政策のことである。19世紀末、鉄道や蒸気機関などにより、陸海の交通が飛躍的に高まった。このため国際間の経済・軍事衝突も激化したため、それぞれの有力な国の置かれている地理的特性が、強く意識されるようになった。地政学の代表的な論者として、米国海軍軍人のA・T・マハンや英国の地理学者のH・J・マッキンダー、ドイツのカール・ハウスホーファーなどがいる。

模範文
①
2022年2月24日、ロシアによるウクライナ侵攻の開始にあたって、プーチン・ロシア大統領は、「ロシアとウクライナはもともと1つであり、クリミア半島はロシアの固有の領土である」とし、「ウクライナのNATO接近により、ロシアとNATO間には緩衝地帯はなくなった」と述べた。ここからもわかる通り、プーチン大統領を捉えているのは、「地政学」的思考なのである。

この「地政学」は、ヒトラーが第二次世界大戦に当たって、カール・ハウスホーファー教授の「レーベンスラウム（生存圏）」の理論を援用したことで有名である。それでは「地政学」とは、どのようなものなのだろうか。

「日中関係」を例にとってみてみよう。中国海軍が太平洋に進出して活動するためには、沖縄の南西諸島に拠点を獲得するしか方法はない。青島にある中国海軍の艦隊が太平洋に進出する場合には、次の4つのルートが考えられる。

①日本海から宗谷海峡を抜けて、オホーツク海を経由して太平洋に

抜けるルート

②日本海から津軽海峡を抜けて太平洋に出るルート

③沖縄本島と宮古島の間の比較的広い海域を抜けるルート

④台湾海峡を抜けて、南シナ海を経由して太平洋に抜けるルート

　このうち①と②のルートは、黄海から日本海を抜けて北に大きく迂回することになり、燃料と時間を多大に費やしてしまう。またロシアと日本の鼻先をかすめるようにして通過するから、情報を収集されやすくなるという欠点がある。

④の台湾海峡の軍艦の通過は、台湾を強く刺激する。また西沙諸島をめぐって対立している沿岸国との間で摩擦が起きやすくなる。

　このようにみてくると、中国にとって太平洋に進出するために最も適したルートは、③の沖縄本島と宮古島の間を抜けて行くルートということになる。

　尖閣諸島は、南西諸島への玄関口に位置している。もしここが中国の領土になって、監視用の軍事施設が建設されれば、日本の自衛隊や米軍の活動に対する常時監視が可能になる。

模範文②

　文明、戦乱の十字路であるアフガニスタンでは、19世紀、暖かい海を目指して南下するロシアと、大航海時代以来の世界の覇者である英国が、この地域の覇権をめぐって鋭く対立した。

　また20世紀後半の東西冷戦の時代には、旧ソ連はアフガニスタンに侵攻して傀儡政権を作った。しかし米国はこれに強く反発し、反政府勢力を支援したため、旧ソビエトが支持する政府側と、米国の支援する反政府勢力との間で代理戦争が繰り広げられることになった。

　この内戦によってアフガニスタン政府は崩壊し、旧ソビエトはここから撤退せざるを得なくなった。

その後東西冷戦が終結し、イスラム過激派の政権が樹立されると、内戦で使い捨てにされた反政府勢力の戦士たちは、ここを拠点に国際テロリスト活動を行うようになった。彼らは国際テログループ「アルカイダ」を組織して、今度は米国など西側諸国に対して牙をむき始め、2001年9月、ニューヨークとワシントンで、同時多発テロを引き起した。

アフガニスタンは、海に面していない典型的な「ランドパワー（内陸国家）」である。国土の多くが険しい山岳と不毛の砂漠で占められている。自然環境としては決して恵まれた地域とはいえない。しかし古くからユーラシアの人々はここを経由して、西の中東から東のアジアへ往来した。シルクロードである。

パキスタンとの国境地域に位置するカイバル峠は、中東とアジアを結ぶ玄関口であった。その一方で、北のロシアから中央アジアを経由してインド洋へ抜ける南北ルートも、アフガニスタンを貫いていた。この南北のルートは、東西のシルクロードと十字に交差している。このようにアフガニスタンは、ユーラシアの交易路が重なる地域である。

アフガニスタンには、これといった天然資源は乏しいものの、欧州・日本・ロシア・ユーラシア大陸の各地から、ありとあらゆる物資、文化、知識、情報が入って来た。まさに「文明の十字路」というにふさわしい所である。

アフガニスタンは、ペルシャ（現イラン）、トルコ、インドといったさまざまな文明の影響を受けてきた。またこの地に移り住んだ民族も多く、パシュトーン人、タジク人、ハザラ人、ウズベク人など、多様な民族が住んでいる。

アフガニスタンでは、ユーラシア各地の富が日常的に通過している。このためアフガニスタンをめぐって、幾多の大国が覇権を争うことになった。

歴史上、未開拓地で紛争が繰り返されてきたことへの反省から、どの国であっても領有権を主張したり、軍事施設の建設をしたりすることを、国際法上禁止している地域がある。南極と月がこれに該当する。ところが近年こうした国際法の網にかからない地域が生まれようとしている。それが「北極」である。

北極には大陸はない。従来「北極海」は年間を通して凍結している海であった。原子力潜水艦が氷の下を通過する以外は、ほとんど使い道のない海域だった。それが近年の地球の温暖化によって北極海の氷が溶け始め、このため冬でも氷のない海域が出現するようになった。これによってこれまで何の使い道もなかった「北極海」が、新たな航路として見直しされることになった。

もし「北極海」が通年で通行できるようになれば、欧州から日本までの輸送コストは、インド洋を経由した場合に比べて40％も安くなるし、しかもテロや海賊の攻撃を受けることもない。

1904年1月24日、日本が日露戦争に進もうとしていた矢先、ロンドンの英国王立地理協会である講演会が開かれた。講演者は、ロンドン経済大学の地理学の教授だったハルフォード・ジョン・マッキンダー博士である。この講演においてマッキンダーは、2世紀初頭を描いた1枚の世界地図を広げた。

博士はユーラシア全体を「世界島」と呼び、欧州はその中心から西へ延びる「半島」と定義した。そして、ロシアが位置するユーラシアの内陸部を「重心軸地域」、その外側のユーラシア大陸の外縁部に弧を描くように、東は日本から西は英国に至る地域を「内側の三日月地帯」、さらに大陸から離れた北米からアフリカ南部に弧を描くように広がる地域を「外側の三日月地帯」と呼んで、これらの地域に位置している国家群を、次の2つに類型化してみせた。

その1つは、「重心地域」に当たるユーラシア大陸の内部に欧州

東部が位置し、交易や人の移動の主な手段を陸上輸送に依存している「内陸国家」であり、もう1つは、ユーラシアの外縁や島嶼地域に位置する交通の手段を海上輸送に依存している「海洋国家」である。

マッキンダーは、内陸国家を「ランドパワー」、海洋国家を「シーパワー」、重心軸地域を「ハートランド」と呼んだ。

「世界の陸地が互いに離れて存在しているのに対して、これを取り囲んでいる海は、全て1つに繋がっているという事実は、かつて『海を制する者は世界を制する』という制海権の理論に、地政学的な根拠を与えたと述べた。……現在の英国、カナダ、アメリカ合衆国、南アフリカ、豪州、日本などは、ユーラシアの陸上兵力（ランドパワー）の接近を許さないし、外国の島嶼の基地群として、同大陸を遠巻きに包囲した形に成っている」と述べている。

マッキンダーの言う「ランドパワー」とは、「重心地域」、つまりハートランドに位置し、膨張する傾向を見せ始めていたロシアとドイツのことであった。これに対して「シーパワー」とは、ユーラシアの外縁の三日月地帯に位置している英国や西欧諸国、米国や日本などである。そこでこのマッキンダーの理論を補充し、強化する研究者が米国に現れた。その名を、ニコラス・スパイクマン（イエール大学の政治学・地理学教授、1893〜1943）という。

スパイクマンは、第二次世界大戦後、米国の安全保障政策を地理学的立場か策定する責任を負っていた。スパイクマンが最も考察したことは、当時「ランドパワー」として活動していた日本と、伝統的な「ランドパワー」であるドイツが連携して、太平洋と大西洋の両方面から米国が攻撃を受けるという事態であった。

「抑止」の概念とは何か

論文の ポイント　現代の戦争は莫大な費用がかかる。したがって敵対する国家があったとしても容易に相手国を武力制裁することはできない。とすれば相手国に戦争に訴えかける欲望を自制させる戦略が必要となる。

　「抑止戦略」は第二次世界大戦後に核兵器が出現したため、最も可能な戦略となった。核戦略思想はこの「抑止」の概念に基づいている。米ソが核戦争に訴えれば共倒れするため、何としてもこれを避けなければならない。

　新型の兵器を開発したとすれば、それがどのくらい破壊力が大きいかを、相手に計算違いさせることなく知らせる必要がある。新型ICBMやIRBM、新型の巡航ミサイルや超音速ミサイルなどの実験結果を、いち早く映像などを通して相手国に見せて、正確にその破壊力を知らしめる必要が出てくるわけである。

　金正恩の北朝鮮は、2022年には連日のようにミサイル発射を行った。その対象国は韓国よりもむしろ米国であり、米国に脅威を感じさせるとことによって、米国から何らかの保障を勝ち取りたいという思惑があった。当然相手国の破壊力の程度を測ろうとする。しかしいくら計算したとしても正確には測りえないから、戦争になる可能性は絶えず生ずることになる。

模範文　「抑止」とは、宥和、再保障、強制外交と同様、紛争を武力衝突に至らせないようにするための危機管理政策の一環のことである。相手国を攻撃する費用と危険が、期待する効果を上回ると敵対者に思わせることで、自分の利益に反

するあらゆる行動を敵対者にとらせないようにする努力である。

すなわち相手国がある行為を取ったら、それに対する報復措置を行なう能力が自国にあることを敵対者に教えることによって、武力衝突を防止しようとする方策である。

「抑止」と「強制外交」は、前者がまだ開始されていない行動の実行を思いとどまらせようとする外交であるのに対して、後者は敵対者によってすでに引き起こされた行動を覆そうと試みる外交態様である。

「抑止」は、後者に比べてより日常的に行われる政策であり、強制外交は、単なる交渉による紛争解決が望めないときに行使される手段である。

また「抑止作動の条件」については、自国のみならず同盟国に対する武力攻撃の阻止という拡大抑止も含まれるとされている。

外交・軍事危機において武力行使が差し迫っている際の「緊急抑止」と、外交危機や国際紛争そのものの発生を長期的視野で防止しようとする「一般抑止」に大別される。

一般的に、軍事報復の警告に信憑性があると攻撃国が判断した場合に、「抑止」は作動する。

「抑止」のためには、（１）いかなる軍事攻撃にも即座に対応し、甚大な被害を攻撃国に与えることで、その軍事目標を阻止することが可能な軍事能力を備え、（２）抑止が作動しなかった場合、これら軍事力を実際に行使する政治意思を持ち、（３）これらの軍事能力と政治意思を有していることを（潜在的）攻撃国に外交ないし軍事行動を通して抑止警告として正確に伝えること、の３条件が必要と考えられている。

「非武装中立」は可能か

－森嶋通夫・関嘉彦論争－

**論文の
ポイント**　戦後日本が「非武装中立」を採っていたら、今頃ウク
ライナようになっていたことであろう。太平洋戦争で日
本は無条件降伏し、戦後は6年間にもわたってGHQ（占
領軍総司令部）による占領下に置かれていた。このため日本国民の
多くは、最小限の自衛力がなくても国の安全は図れると思うことに
なった。

今日まで何ら防衛力がないままで、国家の安全を保てた国はない
といっていい。あったとすれば、大国の保護下にある公国である。
永世中立国のスイスであっても立派な軍隊を持っているし、オース
トリアも同様である。オーストリアの場合は、第二次世界大戦後、
ドイツの場合と同様に、米英仏ソによる4か国の占領下に置かれて
いたため、中立を宣言しないとソ連が撤退しなかったという事情が
あった。

「非武装中立」。これが個人の信仰に基づくうちはいいが、一国の
防衛政策となると、誠に観念論であるということになる。

長らく日本社会党が政権をとることができなかった原因としては
「永世中立」を同党の外交防衛政策の柱にしてきたことがある。国
民の多くは、「永世中立」など絵に描いた餅と知っていたため、社
会党には自民党の批判勢力の役割しか期待しなかったのである。現
在の立憲民主党にも同じことがいえる。立憲民主党が政権を握るた
めには、外交と防衛政策が現実的なものにならなければ駄目である。

内政は与野党で盛んに論戦してもいい。しかし外交と防衛政策だ
けは超党派でなければならない。国の外交・安全保障政策は政権交
代ごとに大きくぶれては国益を毀損するからである。

　　　　1970年当時の安保論争において、森嶋通夫（ロンドン大学教授）と関嘉彦（都立大教授、当時民社党国会議員）の有名な論争があった。このなかで森嶋氏は「絶対的非武装中立」を主張した。

　森嶋氏は「日本は絶対中立に立つべきだし、たとえ大国に侵略占領されたとしてもそのときは素手で抵抗すべし」と主張した。

　しかし、この主張があまりにも観念的であることは明らかである。「安保法制反対論」も、森嶋氏の主張とほぼ同一である。

　安保論争問題で、従来の思想を大きく変節させた例では、清水幾太郎氏がいる。60年安保の際、清水氏は進歩的文化人の旗手で、いわゆる「岩波グループ」の代表格であった。

　この時清水氏は「安保反対！」を強硬に叫んでいたが、70年の頃は「日本は核を持て！」と大きくその主張を変えた。

　日本社会党も長年「非武装中立」と「米中ソによる極東ロカルノ条約の締結によって日本を守る」と主張してきたが、今から振り返ってみて、これがいかに観念的なものであったかは明白である。

　村山政権が誕生すると、村山首相はこれまでの主張を一転して日米安保を容認した。

　この変節ぶりに日本国民はあきれたものである。この事例などは、日本の現実的な安全保障政策としては、日米安保なくしては日本の安全保障は成り立たないことを示している。

　日本社会党は安全保障という最も重要な問題においては、終始国民を欺いてきたといえる。このため日本社会党は日本国民から信頼を失い、いまや数名の国会議員しかいなくなった。

　日本の存立を図る防衛政策は現実的なものでなければならないことはいうまでもない。「日本には平和憲法があるから安全だ」というだけでは不十分なことは言うまでもない。

なぜ戦争が起こるのか

　人間は本来自由を望む。自由のためなら、時には命さえ失うことも厭わない。

　人間と動物を区別するのは、脳の構造から見ると前頭葉の前頭連合野のあるなしと、その大きさにあるそうだ。前頭葉は、人間の感性をつかさどるところであり、ここで悲しみ、嬉しさ、などの感情が醸し出される。また人間は自分の将来を予測できる能力を持っている。今は十分な財産や権力を持っていたとしても、それを将来とも維持したいと思って、さらにそれらの拡大に懸命になる。

　こうしたことは人間の悲しい性であるが、だからこそ人間は戦争に訴えても、自分の権利を保持しようとするのである。すなわち人間の予測能力が、残虐な争いを生じさせることになる。

　戦争の原因を単純化することは、きわめて危険である。われわれが心がけなければならないことは、人間と戦争の密接な関係であり、その解決の難しさである。

　「なぜ戦争が起こるのか」というテーマは、人類的大問題である。例えば、トルストイの『戦争と平和』を挙げるまでもなく、幾多の文豪や哲学者が取り組んだ生涯の大テーマである。

　ここでは、人間の本質という観点から、この問題を考えてみたいと思う。

　まず戦いが起こる第一の原因として、人間の本質ということを考察してみなければならない。

　人間の欲望というものがいかに大きなものかということについては、例えば、『浦島太郎』の昔話に巧みに織り込まれている。

話は日本人ならば誰でも知っていると思うが、ある日、浦島太郎が浜辺へ行くと、大きな海亀が子供たちにいじめられていた。そこで、太郎がその海亀を助けてやると、数日後に、海亀がやってきて、恩返しに太郎を竜宮城へ連れて行くと申し出る。太郎はその申し出を受け入れて、竜宮城へ行ってみると、乙姫様に迎えられ、タイやヒラメの踊りを見せられ、悦に入った。ところが、数日過ぎると、太郎は次第にこの竜宮城の生活に飽きてくるようになり、また元の漁村に戻りたくなった。かくして太郎は乙姫様の制止を振り切って貧家に戻る。そして乙姫様にもらった「玉手箱」なるものを開いてみると、一瞬にして太郎は老人になってしまう。

　この物語は、人間の欲望というものがいかに際限がないものか、またその欲望の内容も決して物質的なものだけではないことを、われわれに教えてくれる。

　凡人からすれば、浦島太郎のような、いわば、「酒池肉林」の世界こそがこの世の極楽と考えがちであるが、ところが人間は、この「酒池肉林」の世界に決して浸り切ろうとはしないのである。すなわち人間は、生きるに値する生活をしていなければ「幸福」とは感じない生き物なのである。人間にとって大切なのは自尊心であり、輝いて生きることなのである。人間は誰も「牢獄の平和」を望まない。「三食入浴付き」の牢獄の生活よりは、ホームレスの生活の方が、むしろ幸せだと思っている。

　また人間は「考える」動物でもある。現在の生活は苦しくとも、明日の幸福のために、辛い仕事にも取り組もうとするのである。今日、稼いだお金を全部使わないで、明日の生活のために貯えようとする。このように人間は、将来のよりよい生活のため、今日を懸命に働き、創意工夫しようと努力する。この創造力こそが、人類を月まで到達せしめる程の高度な科学文明を生んだ源泉なのである。ところが人間の創造性こそが、また人間を際限のない過酷な戦いの渦

に巻き込む原因ともなるのである。

　貧窮に喘ぐ人は、富裕になりたいと思ってがむしゃらに働く。また裕福な人はその豊かな生活を将来とも維持、拡大しようと思って、さらに努力しようとするのである。かくして人間社会は、ホッブスの『レヴァイアサン』ではないが、「万人が万人に対する闘争」の社会と化してしまうのである。

　人間は平和を望む。経済行為などは平和な社会でなくては成り立たない。ところが人間は、自己を押し殺した平和な社会など誰も望まないのである。

　このように考えてみると、戦争の原因をただ単に人間の野蛮性のみに帰することはできないことになる。いやむしろ、人間の飽くなき向上心、創造力の故にこそ、戦争の根本的原因は存在するのである。

　したがって「戦争の研究」（反対に「平和学」）の第一義的研究は、人間の研究でなければならない。この人間性の解明の手掛かりを得るべく、われわれは歴史を紐解き、文学に親しんできたのである。

　「戦争を回避する知恵」、この探求こそが、人類の永遠のテーマなのである。

国連安保理改革について論ぜよ

**論文の
ポイント**　2022年 2 月24日、ロシアのウクライナに対する侵攻は、国連憲章第 1 条でうたう「国際平和と安全の維持および紛争の平和的解決」に違反していることは明白である。それにもかかわらず国際連合安全保障理事会（安保理）の常任理事国であるロシアは、これを無視し続け、即時停戦を求める国連の決議案に対しても、拒否権を出してこれを葬った。

　国連改革問題の焦点は、安保理の改革である。近年、国際社会の平和と安全に関し、世界が取り組むべき問題が急増している。国連の主要な機関である安保理には、今後とも一層重要な役割を果たすことが期待されている。

　現在の安保理は15か国で構成されている。米英仏ロ中の 5 か国は常任理事国として常に議席を保持している。残りの10か国は非常任理事国である。非常任理事国の任期は 2 年間で、国連総会の選挙で選出される。しかし連続再選は認められていない。

　国連分担金が米中に続いて第 3 位の日本としては、安保理の常任理事国になることができないのはどう見ても納得できかねるし、著しく不合理でもある。

模範文　国際連合安全保障理事会は、今日の国際社会において、唯一の包括的、普遍的な組織である国連の中で、国際社会の平和と安全の維持について主要な責任を有している（国連憲章第24条 1 項）。

　国連憲章上の主な権限は、紛争当事国に対して、紛争を平和的手段によって解決するように要請したり、適当と認める解決条件を勧告すること、また紛争による事態の悪化を防ぐため必要または望ま

しい暫定措置に従うよう当事者に要請すること、平和に対する脅威、平和の破壊や侵略行為の存在を認定し、平和と安全の維持と回復のために勧告を行うこと、あるいは非軍事的措置、および軍事的強制措置を決定することである。

　安保理の具体的活動としては、特に冷戦以降、（１）国連平和維持活動（PKO）の設立、（２）多国籍軍の承認、（３）テロ対策等、不拡散に関する措置の促進、（４）制裁措置の決定など、と多岐にわたっている。

　日本は、2016年１月から２年間、国連加盟国で最多となる11回目の安保理非常任理事国の任期を全うし、2022年６月の同選挙でも引き続いて選ばれた。

　2022年２月、安保理は、ロシアによるウクライナへの武力行使の即時停止などを求めた決議が、常任理事国であるロシアの拒否権行使で否決された。今や国連は機能不全に陥っている。

　2022年３月の国連総会での「ロシア非難決議」には、141か国が賛成し、「ロシアは敵だ」を示す大きな舞台になった。

　しかしながら国連決議には法的な拘束力はなく限界がある。とはいうものの多くの国が一致してロシアを非難したことはそれなりに意味がある。

　常任理事国のロシアのプーチン大統領は、ウクライナ侵略は明白な国際法違反であることを知りながら今回の行動を行なった。こうしたことを踏まえて、常任でも非常任でもない「準常任理事国」を創設する案が出ている。この「準常任理事国」は、新しい理事国の概念で、拒否権は持たないが再任を可能とし、２年間の非常任理事国よりも、任期が長いというものである。拒否権がなくても大きな意味を持っていると言えよう。

わが国の原子力発電の将来について

**論文の
ポイント**
　2022年2月24日に始まったロシアのウクライナ侵攻によって、EUによる対ロシア経済制裁が発動された。これに対してロシアはEUに対する天然ガスの供給を停止した。

　こうした欧州エネルギー危機によって、原油価格は急騰している。EUは、石炭、石油、天然ガスといった化石燃料におけるロシア依存をゼロにするという「脱ロシア化」の実現に舵を切った。

　この状況を受けて、わが国の原発の再稼働政策も変化することになった。

　2022年9月現在、日本では原子力規制委員会の審査で、伊方3号機、高浜3，4号機、川内1，2号機、大飯3，4号機、玄海3，4号機、美浜3号機の10基が再稼働中である。

　2011年3月11日の東日本大震災と東京電力福島第一原発事故後、第二原発1〜4号基はすべて運転を中止しているものの、ロシアのウクライナ侵攻による電力需給の逼迫を受けて、政府は8月24日、23年夏以降に原発7基の再稼働を追加で目指す方針を示した。

　政府はこれまで一貫して「想定していない」としてきた原発の新増設についても方針を転換して、超小型炉などの次世代原子炉の開発・建設を検討するとしている。

　稼働予定の7基は、高浜1，2号機、女川2号機、島根2号機、柏崎刈羽6，7号機、東海第二原発であるが、柏崎刈羽と東海第二はまだ地元の合意が取れていない。

実践編

原子力

東日本大震災後、火力発電の燃料費の負担増を理由に電気料金の値上げが相次いだ。北海道電力管内では2012年冬、政府の要請を受けて2010年度比で7％の節電目標が設定されたが、実際には4.7％しか達成できなかった。大震災後、全国の電気料金は大幅に値上がりした。東北管区では、18.8％、中部管区で17.1％、関西管区では20.2％、東京管区では何と28.0％で、その他の管区では13〜15％前後の値上がり率を示した。

福島原発の事故を受けて、一時「反原発運動」が盛り上がりを見せたものの、無資源国家の日本であれば、結局原子力発電を利用しなければ、日本の経済発展も、高度な文明の享受も全くできないことが明らかになった。

震災前には、原発による電力は全国の発電量の約29％を占めていたが、2012年度には1.7％まで下がった。その分、燃料費の高い火力発電の比率が、震災前の約60％から2012年度には88％まで上がった。今燃料費の増大が、日本経済にとって深刻な問題となっている。

原発事故後には太陽光発電や風力発電のような再生可能エネルギーに期待が高まったが、今も再生可能エネルギーの全国の発電量に占める割合は、水力を除けば2％にも満たない。動いている原発2基分にしかすぎない規模である。

政府の有識者会議の試算では、1キロワットあたりの発電コストは太陽光が30.1〜45.8円、風力が9.4〜23.1円で、これに対して原子力の場合は、想定できる範囲で重大事故が起きた際の賠償や廃炉などの対応を含めた場合でも8.9円にとどまっている。

原発を補う火力発電には石油や液化天然ガス（LNG）が必要で、原発に使うウランより割高である。石油やLNGの価格は非常に上昇しており、財務省の統計によれば、LNGの1トンあたりの輸入価格は、震災前の2011年1月の4万9,147円だったものが、2022年

４月には８万2,477円と、約1.7倍に値上がりした。

　NPO法人の国際環境経済研究所が2022年５月に行なった試算では、国内の原発が18年後まですべて止まっていたと仮定すると、再稼働が順調に進んだ場合に比べて国内総生産（GDP）が約6.2兆円減るとのことである。物価の変動を除いた実質GDPは約1.1％押し下げられるという。

　世界では、30か国で計437基の原発が稼働しており、66基が建設中（うち46基はアジア）である。2021年９月の国際原子力機構（IAEA）の予測では、原子力発電容量は現在４億3,700万キロワットが、2030年までに最大７億4,000万キロワットに増加する。この流れは福島原発事故後も変わっていない。

　ポーランドは電力の95％を二酸化炭素の排出量が多い石炭火力に依存しているが、欧州連合（EU）に加入後、排出削減のために原発の導入を決めた。

　2020年発効の新たな温室効果ガス削減の枠組みは、途上国を含めて総ての国が前提である。当然日本にも一層の削減が求められることになる。

　東日本大震災による福島原発事故は、まさに想定外の大津波によってすべての電源が切れたため起った。この甚大な事故を教訓に日本としては、原発の安全性をさらに高める必要性がある。しかしだからといって、原子力の平和的利用をすべて止めることは、最善の策ではないだろう。

核拡散防止条約（NPT）の
有用性について論ぜよ

**論文の
ポイント**

　　1968年6月、米英ソの3国間において核拡散防止条約が署名され、1976年批准された。ところがウクライナ戦争の当事者であるプーチンは、米国をはじめEU諸国に対し、「核の使用」について言及した。すなわちプーチン大統領は、部分動員を発表した2022年9月21日の演説において、「もし我が国の領土保全が脅かされた場合、われわれはロシアと国民を守るため、使用可能なあらゆる兵器システムを必ず使う。これはブラフではない」と述べ、領土保全の観点から核使用も辞さない構えを見せた。これに対して米国は、ロシアが核を使用した場合は、通常戦力を用いてウクライナ領内や黒海上のロシア軍に攻撃を加えるとのメッセージを伝えた。

模範文

　　核軍縮や核不拡散の進め方について議論する「核拡散防止条約（NPT）」再検討会議が、2022年8月1日から26日の日程で、ニューヨークの国連本部で開催された。

　ウクライナ侵攻中のロシアが、核による威嚇を行ない、また中国が核戦力を増強しているなか、NPTはどうなるのであろうか？

　そもそもNPTは、冷戦下において核兵器の脅威が高まるなか、核兵器を持つ国を増やさないため、1970年3月、NPT条約が発効した。核兵器を巡る国際秩序の基本とされるものである。

　核拡散防止条約が国連の場で論じられるようになったのは、1960年代半ばである。この頃原子力発電が世界で展開したため、米ソはヨコの拡散に歯止めをかける必要性に迫られることになった。

　その後、核保有国と非核保有国の対立と妥協を経て、1968年6月12日国連総会核不拡散防止条約推奨決議を採択。同年7月1日、米

英ソ3国の首都で署名され、1976年6月批准された。

　1976年1月以前に核兵器を保有し、爆発させた米英ソ仏中の5か国に対して核保有を認めた。しかし一方、非核保有国に対しては核兵器の推進と取得を禁じている。核軍縮と核不拡散、原子力の平和利用の3本柱で成り立っている。

　核軍縮に関しては、核保有の5か国を含む締約国が、誠実に交渉を行うことを義務付けている。核不拡散に関しては、核保有を5か国に限定し、それ以外への核拡散防止を進めている。

　原理力の平和利用は、締約国の「奪い得ない権利」と規定し、原子力発電所の設置、稼働などを認めつつ、軍事目的を防ぐため、国際原子力機関（IAEA）による査察や検証などの保障措置を受けることが義務付けられている。

　締約国は現在、国連加盟国のほとんどに当たる191か国である。1985年に加盟した北朝鮮は、1993年と2003年に脱退を一方的に宣言した後、核実験を繰り返している。

　また核兵器を独自に保有したとされるインドとパキスタン、イスラエルは、NPTに加盟していない。

　NPTの再検討会議は、締約国が核軍縮や核不拡散に向けた取り組みの進捗状況を確認し、過去の会議で合意した内容が履行されているか否かを点検したうえで、今後の方向性などを含めて文書の採択を目指す会議であり、5年に1度行われる。

　もともと「核拡散防止条約（NPT）」は、核非保有国と比べた場合、核保有国にとっては極めて有利な条約であった。現在核保有国が米英仏ロ中とインド、パキスタン、イスラエルに増え、さらにイランと北朝鮮が核保有国になろうとしているとき、NPTの見直しが行われることは当然である。国連などによって核拡散の歯止めがかけられることを期待するものである。

「2040年問題」について
社会保障の観点から論ぜよ

**論文の
ポイント**　2022年現在、日本人の平均寿命は男性では81.47歳、女性は87.57歳で、世界第3位の長寿国である。日本人の平均健康寿命は、男性で72.68歳、女性の場合は75.38歳である。今から12年前の2010年に比べて男女とも2歳前後延びている。年金の支給開始年齢は60歳から65歳に段階的に引き上げられているが、さらに68歳に引き上げざるを得ないのではないだろうか。

模範文　2018年10月25日付『読売新聞』では、「2040年高齢者人口ピークに」と題して、「2040年問題」について言及している。以下は、その要点である。

急速な少子高齢化で65歳以上の高齢者の人口は、2040年には現在より1割増えて3,900万人を超える。その後は人口減少に伴って高齢者数も減るために、年金、医療、介護の費用負担が最も重くなるのが、2040年頃とされている。2018年5月の政府推計によると、2040年度の社会保障給付費は190兆円で、現在の1.6倍を超えるという。

「2040年」が注目されるのは、費用が膨らむだけでなく、社会保険料や税を含めて、社会保障制度を支える15〜64歳の現役世代の人口が、2割以上も減ることである。今は1人の高齢者を2.3人の現役世代で支えているが、2040年にはわずか1.5人で支えなければならない。細る現役世代が、ますます重くなる負担を担いきれるのかが、今問われている。

自民党総裁選選挙で3選を果たした安倍首相（当時）は、新内閣

が発足した記者会見で、社会保障制度改革を「安倍内閣の今後の最大のチャレンジ」と位置付けた。

そこでの最大の問題は財源の確保である。政府推計では、社会保障給付費がGDPに占める割合は、現在の21.5％から、2040年度には24％に上昇する。この増加分を消費税で賄うとすると、5％程度の税率の引き上げが必要になる。安倍首相は消費税を2％引き上げて10％にすると表明した。これは2025年までを想定した「社会保障と税の一体改革」に基づくものであり、2040年に向けてさらなる増税は不可避である。

EUなどの先進国の消費税は20％前後であるから、日本でも近い将来消費税をさらに引き上げることは止むを得ない。

2040年に向けた改革の焦点とされるのが、「全世代型社会保障」の実現である。日本の社会保障給付は、高齢者向けの年金、介護など高齢者に手厚い一方、子育て支援には極めて少ない。「全世代型」はこれを、子育て世代や若者、女性を含めたすべての世代に対応する形に転換することを指す。

全世代型への改革で成果を上げているのがドイツである。高齢化で、所得に占める社会保障負担率が合せて4割程度に上り、低成長や高失業率に喘いでいたシュレーダー政権が、2002年改革に着手した。年金の支給開始年齢を65歳から67歳に引き上げ、高齢世代への給付を圧縮する一方で、若者や女性の就労促進を進め、失業率の低下や成長率の回復につなげた。

これを引き継いだメルケル政権は、子育てを支援する家族政策を強化し、育児休業中の給付の充実や保育所の増設により、女性が子育てに不安なく就業できる環境を整備した。育児中の所得を補償する「両親手当」の導入で、父親の育休取得率は3％から34％に上昇し、合計特殊出生率も1.4前後から1.59へ改善した。

超高齢社会に突入した日本の課題

論文の
ポイント

　　社会の高齢化の定義は、「高齢化社会」「高齢社会」「超高齢社会」の３段階に分かれている。これは「高齢化率」という指標によって分けられる。総人口に対して、65歳以上の高齢者人口が占める割合を「高齢化率」という。世界保健機構（WHO）や国連の定義によれば、高齢化率が７％を超えた社会は「高齢化社会」、14％を超えた社会を「高齢社会」、21％を超えると「超高齢社会」という。　日本が初めて「高齢化社会」になったのは1970年で、24年後には「高齢社会」、それから13年後の2007年には「超高齢社会」となった。「超高齢社会」の第１位は日本で23％、２位がドイツで20.4％、３位はイタリアで20％である。

模範文

　　今日日本の社会保障費は、毎年１兆円ずつ増え続けている。今後ますます高齢化が進めば、いずれ財政が破綻することは避けがたいであろう。

　高齢化社会は少子化社会の裏返しでもある。したがって少子化現象をいかにして止めるかは、今やわが国最大の課題である。

　出生率が低いままだと、経済活動を主に担う15歳から64歳の数は、現在の7,901万人から2060年には4,418万人に減少してしまう。こうなれば日本経済を支える労働者の不足が深刻となり、国際競争力が低下する恐れがある。

　物やサービスを購入する人も減り、企業の経済活動に影響が出る。日本政策投資銀行の推計では、2040年の個人消費は2010年に比べ、１割減少するそうだ。

　税や保険料収入も減るため、医療、介護、生活保護などの社会保障制度の運営は難しくなる。

年金は現役世代が高齢者を支える仕組みのため、出生率が上がらないと、年金額の大幅な切り下げは必至となろう。現在国の借金は1,000兆円に上るが、社会保障財源を国債に頼る状況が続けば、国債の暴落、金利の上昇といった危機的事態を招くことになる。

　人手不足も深刻で、高齢化の進展で、2025年には、介護職員は現在より約100万人増やす必要がある。しかし人材を確保することができなければ、高齢者は十分な介護サービスを受けることができない恐れがある。

　人口減少が厳しい地方自治体にあっては、消滅する恐れさえ出てきている。日本創成会議が人口減少問題検討分科会の報告書として、近い将来消滅する市町村として、523の全リストを明らかにしたこともある。

　日本の少子化対策は、1989年に合計特殊出生率が過去最低を下回った「1.57ショック」をきっかけに始まった。さまざまな育児支援にもかかわらず、2022年度は1.27に止まっている。現在の人口を維持するためには、2以上出生率を維持していなければならない。日本はフランスの1.83、スウェーデンの1.66などと比べても顕著に低い。未婚率が高いことや、女性の平均初産年齢が30歳を超えること、長時間労働をする女性の割合が高いことなどが、原因として考えられる。

　少子化関連に政府や自治体が使う金は、フランスやスウェーデンではGDP比3％台であるが、日本では1％程度である。

　最後に、高齢者がいかに「生きがい」を感じながら生活できるかが重要である。これから日本は「老いがい」をどのようにして得るかが最大の精神的課題となってこよう。そのためには、「生涯学習」を可能にするきめ細やかな諸施策が必要だ。

有効な少子化対策について論ぜよ

　日本を除く主要先進国では、イタリアを除いて押しなべて出生率が上がっている。これらの国々で出生率を上げるための様々な対策がとられている。伝統的にフランスは少子化に悩んでいた。出生率の低下は国防上由々しき問題であった。今スウェーデンの少子化対策に注目が集まっている。いずれ行き詰まってしまうであろうとみられていた高福祉、高負担の北欧が、依然として高い成長率を続けており、しかも出生率も高い状態にある。

　スウェーデンでは、1960年代以降、女性の社会進出により出生率が下がったが、1990年に2.13（2020年は1.66）まで回復して日本を大幅に上回っている。スウェーデンでは、子供を産み、育てることに、社会全体が敬意を払っているといわれている。

　人口減少は、労働力の減少につながる。また働いて収入を得る人が減ると、購買力が低下し、消費が低迷する。現役世代が高齢者を支える構造の社会保障制度も維持できなくなる。こうした悪循環を食い止めるために、少子化に歯止めをかける必要がある。

　少子化の原因は、①1971〜74年の第二次ベビーブームに生まれた「団塊ジュニア世代」が40年代半ば以上になっていること、②女性の人数の減少、③結婚数の減少、④出生率の低下、などがある。①と②については対策がないので、③と④の対策を考える必要がある。

　日本では、ほとんどの子供は結婚した夫婦から生まれている。したがってまず婚姻数を増やして、その上で子供を欲しいと思っている人が産めるようにする戦略が必要となってくる。

若い世代の人達のなかには、結婚をためらう人も多くいるが、これには「好きな人がいない」ばかりでなく、「結婚したいと思うほど経済的に安定した相手がいない」ということもあろう。

　特に女性には、安定した所得を得ている男性との結婚を望む傾向が非常に強い。

　現在非正規雇用で不安定な立場で働く男性が増え、正社員でもなかなか給料が増えない現実がある。こうした経済的要因が、結婚や出産をためらわせている。

　したがって結婚数とその先にある出生数を増やすためには、雇用を安定させ、賃金を引き上げることが必要である。結婚した世帯に対しては税制面で優遇したり、現金を給付したりすることも有効である。

　国立社会保障・人口問題研究所の2015年の調査によると、夫婦の理想的な子供の人数は2.32である。しかし１人の女性が生涯に産む子供の平均数をしめす合計特殊出生率は、2022年で1.27と、理想と現実との差が大きい。また結婚しても子供を持たないことを選ぶ夫婦も増えている。その大きな要因は、子育てにお金がかかり過ぎることにある。しかしながらこうしたことの大半は経済的理由であることから、対策は立てやすい。

　「現在で最大年18万円の児童手当を年々増やして、10年後に30万円にする」といった思い切った対策が必要である。

　さまざまな手立てで、「あまりお金をかけずに子供を産み育てられそうだ」と思えるようになれば、出産しやすくなる。

　また若い世代の賃金を上げて、豊かさを取り戻す必要もある。

「人生100年時代」の生き方に
ついて論ぜよ

**論文の
ポイント**　近い将来「人生100年時代」になることは、多くの日本人が実感しているところでもある。大正11年と13年に生まれた私の両親は90歳過ぎまで生きた。ましてや戦後生まれの人間の平均寿命は、限りなく100歳近くまで延びていくであろう。

模範文　2017年9月11日、政府が開催した「人生100年時代構想会議」の席上、「人材論」の世界的権威であるリンダ・グラットン教授が講演し、「生涯にわたって、学習と教育が必要になる」と強調した。

　この講演において教授は、「人生100年時代の長寿社会では、大学や高校まで教育を受けた後に就職し、高齢になったら定年退職するという人生の3つのステージを経る単線型から、マルチステージ（複線型）の人生を造るようになる」と説いている。

　さらに同教授は、長寿時代では、多くの人が70〜80歳まで働くようになる。そのためには、年齢にとらわれない多様な学び方や柔軟な働き方が必要になる。したがって政府は、就職後や定年退職後に大学や大学院などに入って新たな知識や技能を身に付ける「社会人の学び直し策」を後押ししなければならないとしている。

　グラットン教授は、「人生100年働き方再設計」に関する日本の課題として、「日本は多くの先進国に比べて、働く女性の比率が低く過ぎる。誰もが働きやすいように、企業文化を変えて行かなければならない」としている。その上で、長期にわたって働き続けるためには、一旦就職した後で学び直す機会が非常に重要であると説いて

いる。さらには100歳時代ともなれば、「年齢に関係なく、知識や技能を身に付け、長く働くことが必要だ」とも述べている。

　人材への投資を行うことによって企業は生産性を高め、高齢化時代を乗り切らなければならない。若い頃に入社した会社でずっと働き続けるのではなく、途中で大学や大学院に入り直し、起業するのは非常に望ましいことである。しかし当然のことながら、総ての人がこうした人生を送れるわけではない。経済的な余裕や、人脈や家族が支えることが重要である。成功する人と、そうでない人の格差が広がる懸念があるとも指摘している。

　また就職後の学び直しなどを、社会でどう支えるかなどの問題もある。「人づくり革命」が、幼児教育、保育の無償化など、国民受けのする施策に偏っていては、「人生100年時代」の施策としては不十分であるとも説いている。

　ともかく長寿は、今日の世代が享受できる最大の恩恵の１つである。平均寿命の大幅な延びがあるため、現在先進国で生まれる子供は、50％を超える確率で、105歳以上生きることになった。

　１世紀以上前には、生まれた子供が105歳まで生まれる確率は、１％にも満たなかった。過去の200年間、平均寿命は10年間で２年以上のペースで延びてきている。現在20歳の人は100歳以上、45歳の人は95歳以上、60歳の人は90歳以上に生きる確率が半分以上ある。

　われわれが、かくも長い寿命を送れるようになれば、新しい社会規範や人生設計が必要になることはある意味で当然である。われわれの人生は、「教育のステージ」—「仕事のステージ」—「引退のステージ」の３つのステージに区分できるが、寿命が延びても引退寿命が変わらなければ、重大な問題が生ずることになる。

「人生100年時代」で何が変わるのか

論文の
ポイント 「人生100年時代」ともなれば、従来の日本人の人生
観も変わらざるを得なくなる。これまでの日本人の人生
観というものは、大学に入るまでは一心不乱に学習し、
卒業してから定年を迎える65歳までは、「会社人間」となって働く
というものだった。いうなれば単線型人生観を描いてきたわけであ
る。ところが「人生100年時代」ともなれば、単線型人生を変えざ
るを得なくなる。100年の間には、産業や技術などのすべてが大変
革する。事実これまでわれわれはIT革命というものを経験してきた。
電話は固定から携帯となり、パソコンからスマホの時代になった。
医療面では旧来の開腹手術から内視鏡手術が主流となり、歯科治療
なども入れ歯から、今やインプラントが一般化している。

　家族形態も、夫婦、あるいは親子の二世帯型ら三世帯型になるか
もしれないし、離婚や再婚、再再婚、あるいはシングルの家族形態
が多くなるかも知れない。勤務する会社も、生涯一社だけというこ
とは難しくなり、転職や異業種への転換を何度も行うことになるで
あろう。それに伴って社会人が大学院やMBAなどに入って再学習
することが求められていると思う。

模範文 人生100年時代においては、われわれは70代のみなら
ず80代まで働くことになる。長寿化の恩恵を最大限に
受けようと思えば、80代まで働くことが求められている。
　これに伴って新しい職種とスキルが登場することになる。100年
前に雇用の多くの割合を占めていた農業と家事労働が減って、今日
ではオフィス労働の割合が大幅に増えた。しかし近い将来、これら
の大半の職種は、ロボットと人工知能によって代替されるようにな

るだろう。事務や管理業務、セールスとマーケティング、マネージメントなど、あらゆる業務がその影響を受けることになる。

　人間の寿命が短く、労働市場の変化が比較的小さかった時代においては、20代で知能とスキルを身に付けておけば、その後はその力で生き抜くことができた。

　しかし労働市場が急速に変化するなかで、70代、80代まで働くことが当然視される時代になれば、これまでの基礎力に頼っているだけでは、とても生産性を上げることはできない。そのためには、時機に応じて、時間をかけて、学び直しとスキルの再習得をする必要性が出てくる。

　またより良い人生を送りたければ、金銭的要素と非金銭的要素、経済的要素と心理的要素、理性的要素と感情的要素とを、うまくバランスを取る必要性が出てくる。

　家族や友人の存在や精神的健康などは、幸福な人生を送る上で極めて重要な要素である。

　言ってみれば、これからのわれわれの生き方はマルチステージ化するし、またしなければならないのである。とはいっても、大半の人間は今の生き方に従って生きようとする。しかしながらこれからは、人生70年の生き方に代わって、80年、90年、100年の人生に対応できる生き方を見出す必要が出てくる。

　「100年人生」にしようとすれば、仕事の期間を長くするほかはない。とすれば、これまでの「教育」―「仕事」―「老後・余生」の単線型ライフステージに代わる複線型マルチステージが出現することになるのである。また家庭とのバランスを優先させたり、社会への貢献を軸にした生活を組み立てることも必要になってくる。長寿による最大の恩恵とは、二者択一を強いられないで済むことにある。

外国人労働者受け入れの是非を論ぜよ

論文の
ポイント

　日本の人口は減少している。特に働き盛りの若年層の人口の減少が顕著である。この減少分を埋めるには、外国人労働者に頼らざるを得ない現状がある。そこでの最大の問題は外国人に対する日本語教育である。

　日本語は世界の言語の中でも、1、2を競うほど難解な言語とされている。「話し言葉」はさほど難しくはないが、「読む」「書く」、さらに「敬語の使い方」となると実に難しい。

　単純労働であれば、さほど日本語を使うことは難しくないが、医療面、例えば看護や介護の分野となれば、日本語の正確性や、患者に関する病状や介護や看護の報告書が必要とされるので、正しい日本語能力が求められることになる。

　日本の文化をよく知らなくては、高度で緻密な仕事は任せられなくなる。そのためにも外国人に対して、日本語を教育する機関の充実がまず必要となってくる。

　人口減少が著しかったフランスやドイツなどでは、半世紀以上前から様々な分野で外国人労働者を受け入れてきた。外国人にドイツ語を教える「ゲーテ・インスティトゥート」は有名である。

　外国人に日本語を教える教育機関は民間の語学学校や大学の付属学校など様々あるが、資格を持った日本語教師となると全く少ない。したがってまず日本政府がやるべきことは、まず公認資格を持った日本語教師の育成に力を注ぐことである。

　　　　先の安倍晋三内閣は、外国人労働者の受け入れ拡大の
【模範文】　ための法案を推し進めた。深刻な日本の人手不足の状況
　　　　を考えたとき、是非とも実現しなければならない法案で
ある。

　私の出身地である山形県長井市においても人手不足は深刻で、市
内にある各企業は仕事の注文があっても人手不足のため、受けるこ
とができない状態にある。こうしたことは何も長井市に留まらず、
日本全国で起こっている現象である。

　日本の総人口1億2千万人は、このまま推移すれば百年後には6
千万人になるそうである。この人口予想は、現在の合計特殊出生数
1.27人からして、ほぼ確実に到達する数値である。日本の経済発展
を考えれば、人口減少を補うためには、外国人労働者の受け入れの
拡大を図らざるを得ないと考える。

　ドイツでは、戦後の労働力不足を補うために、トルコやギリシャ、
ユーゴスラビア、スペインなどからの多くの外国人労働者を積極的
に受け入れてきた。私がドイツに留学していた1973〜75年当時すで
に、ドイツの各地にトルコ人をはじめとする外国人労働者が多数出
稼ぎに来ていたものだった。

　したがってドイツの主要都市の駅などでは、週末になると、ドイ
ツに出稼ぎに来ているトルコ人や外国人労働者同士が何やら話して
いる光景が見られたものである。当時ドイツのごみ収集車や道路工
夫などにはドイツ人の姿はなく、全て外国人労働者だった。

　外国人労働者の拡大に反対している人たちは、（1）日本の伝統
や文化が破壊される、（2）治安が悪化する、（3）日本人の雇用が
失われる、などと主張している。

　しかしながら現在の日本の人口の急激な減少を考えたとき、こう
したリスクはあるにせよ、外国人労働者の受け入れ拡大を行わなけ
ればならなくなるのは時代の要請であるといえよう。

深刻な高学歴ワーキングプア問題とは

論文の
ポイント　社会は日々進歩している。人間の生き方、価値観、産業、科学技術なども、すべてにわり年々変化している。そんな時代に、旧来型の学習で終始していいはずはない。今や高度な知識を持った人材の活用が是が非でも望まれている。明治維新からの日本の発展と成功の源は江戸期の教育にありと、諸外国から言われてきた。

　ところで現在、自由に高度な教育や研究を行えるところは大学院しかない。一般企業でも研究は行えるが、すべては会社の利益と直結する分野に限られる。50年後、100年後の日本人や人類に役に立つ分野の研究となると、それは大学院、特に博士課程における研究ということになる。ところがその博士課程修了者、あるいは博士の学位を持った人間の活用となると、非常に限られてくるのが日本社会である。

　「高学歴ワーキングプア問題」を指摘されることほど、もったいない話はない。企業も国も、「ポスドク」人材を積極的に採用すべきである。30歳近くまで研究していたのだから、多少偏屈だったりするかも知れないが、磨けばダイヤモンドという優れた者は必ずいる。そういう人間が将来人類に幸福をもたらすのである。

模範文　「オーバー・ドクター」あるいは「ポスト・ドクター（ポス・ドク）」の問題は、以前から存在していた。

　最近、少子化が顕著な日本社会にあっては学生数も減り、大学側としても人件費を抑える必要が出てきた。そのため専任教員の数を抑えるとともに、一般教養の講座を極力減らすようになっている。このため「ポスドク」の就職先が、一層難しくなってき

た。

　特に文系では、大学院に進む積極的意味を見出すことは、なかなかできない。それは、例え大学院の修士課程を修了したとしても、自分の専門性を活かす分野に就職することは難しいからである。

　日本では就職する年齢は、大学４年を終えた22歳である。今でも日本企業は終身雇用制を基本に据えているため、文系の大学院を出た若者の採用を歓迎しない傾向がある。企業の人事担当者は、偏差値で推し測るところの、「素材のいい学生」を採用したいと考えている。

　将来企業を背負う社長になるのは１人である。従って毎年社長となるような候補者を１名採れば、それでいいで訳ある。それ以外の同期生は、その社長を支える社員となるべく運命付けられているのである。社長候補者は、学習力がすぐれた東大を頂点とする学歴保持者でよいと考えている。

　日本人が好む会社とは、食いはぐれのない大企業なのである。独創的な考えを持った変人よりは、何事にも無難な凡庸な人間が好まれる傾向がある。下手に大学院へ進んだような者は、屁理屈だけこねる使いものにならない人間だと思っているようだ。

　修士課程の修了年齢は、最短でも24歳。彼らに対しては、企業側は、「第二新卒者」として門戸を開いているが、「ポスドク」となると全く駄目だ。

　「ポスドク」の場合、最短でも年齢が27、28歳超になってくる。この齢の人間を積極的に採用しようとする日本企業はまずない。

　「ポスドク」の当の本人も、専門性を尊重してくれる就職先を探そうとするため、ますます就職は難しくなってしまう。

　こうして日本社会は、優秀な人材を失うことになる。日本が持っている資源は人間しかいない。もっと大学院修了者の有用性を、日本社会全体が認めるべきである。

格差社会の原因とその対策を論ぜよ

論文の
ポイント　「格差」ということが言われ出したのは、ここ20年の
ことである。最初に指摘されたのは、親の学歴や年収、
職業と子供の学歴の関係だった。学歴は大企業や優良企
業への入社と密接に関係してくるので、「階級」と呼ばれるほど明
確ではないものの日本国民の間に「階層差」が生じつつあると、指
摘されたわけである。

　ところで現在「格差」は厳然と存在していると、多くの日本国民
は思っている。その格差も学歴格差だけでなく、企業格差、官民格
差、地域格差と、さまざまに使われている。格差が明確に意識され
る社会というものは、決して好ましい社会ではない。なぜならば日
本国民の間に、嫉妬や軋轢、対立、失望などが増大し、やる気を失
わせるからである。したがって階級意識がまだ明確になっていない
今のうちに、格差の是正に取り組む必要があるのである。

模範文　ここ数年、日本社会において様々な格差が顕著化し、
それらが固定化しつつあるという指摘が多くの識者から
なされている。曰く、「学歴格差」、「企業格差」、「官民
格差」、「地域格差」などである。

　「格差」とは、資格、等級、価格などの差であり、雇用や昇進の
際に問題となっている「性差」などとは概念が異なる。

　この「格差」の問題が論議されるようになったのは、「学歴格差」
が最初だった。

　2006年の5月15日号の『プレジデント』は、「学歴と給与」をテー
マにして、「日本人の給与、出世、就職」の相関関係の調査デー
タを掲載している。雑誌という性格から慎重な調査分析は今一つと

いうところはあるにせよ、こうしたテーマが日本人の大きな関心事になっていることを示している。

『プレジデント』の特集の１つに、「東大生100人調査—教育格差の固定化進む」がある。それには、次のように述べられている。

「親の学歴と年収が、子供の将来を決める。……1985年（文部省調べ）、年収950万円以上の家庭の子供の合格率が急伸している。以来、50％以上を維持。その後、不況が底を打った2003年には微減していることからも、親の年収と東大の合格率に何らかの関係があることが窺える」

太平洋戦争後の日本社会が比較的平穏で安定していたのは、「一億総中流」と表現されたように、国民の間に大きな階級（階層）格差がなく、豊かで均質的生活が営まれていたからであった。「誰でも努力すれば報われる」社会が存在していた。中学、高校、大学を卒業して、毎日コツコツ仕事に取り組んで、定年まで勤め上げれば、退職金でマイホームを建て、孫たちに囲まれて、幸せな老後が送れると、日本国民の多くが信じていた。

「真面目」が、日本の親たちが子供をしつける際の言葉であった。「真面目に勉強しろ！」「真面目に仕事をせよ！」「真面目な人間になれ！」とよく耳にした言葉は、「真面目」が報われる社会だったから説得力を持っていた。

しかし、バブルの崩壊とともにこの言葉の有用性は半減してしまった。バブル崩壊以後の日本は、グローバリゼーションとIT革命に身を晒されることになった。あらゆる個人や組織が、透明性やアカウンタビリティ（説明能力）などの「世界標準」によって評価されるようになった。

被雇用者はこれまでのように単なる学歴や年齢、勤務年数でなく、その個人の持つ「市場価値」によって判断されるようになった。

これにさらに追い打ちをかけたのが、「IT革命」であった。IT（イ

ンフォメーション・テクノロジー）は、日本の企業経営を大きく変えた。マンパワー重視の経営から、少数精鋭主義による専門家重視の経営になった。グローバリゼーションとIT革命の波に乗った企業は「勝ち組」に入り、これに乗り遅れた企業や人間は「負け組」に括られることになった。

バブル期以前だったら、各企業は「大きいことはいいことだ！」のキャッチフレーズよろしくマンパワー重視の経営だったが、今日では少数の経営エリート以外は、ITを駆使し、あとは、派遣社員などを使った非正規社員でまかなう経営になった。

「負け組」から「勝ち組」に挽回できるチャンスはなくなった。子供たちは、15歳の中学受験で、自分が人生の「勝ち組」に入れるか否かを、内心判断している。親もそうである。人生が85年、近い将来は、90年といわれる今日においてである。人生の勝負は、今の時点ではわからないものである。10年後、20年後の産業形態の変化を的確に予想できる人間などいない。したがって人生の「勝ち組」や「負け組」を固定観念化して考えることは全くの誤りであるが、戦後75年余り、戦争や革命という大きな社会変化を体験してこなかった日本人にとっては、「現在」をもって全てを判断することに慣れきっている。

「格差」の固定化は、人間としてやる気を失くさせ、創造意欲を減退させる。日本人にやる気を起こさせる生涯教育の場を提供することや失敗を挽回させるチャンスを与えるセーフティネットを整えることが必要である。

「現代の貧困」について原因と
解決策を論ぜよ

**論文の
ポイント** 　日本社会は直線型社会だから、そこから外れた人間に
対する社会の目は厳しいものがある。世間から外れた者
は取り残されることになる。「派遣切り」された人間は
社会から疎外された存在となる。

　そのような人間の何人かは、クスリに走り、引きこもりになり、
ネット犯罪に手を染めたりするようになる。近年若者や中年の犯罪
が多発しているが、事件を起こした人間の多くは、仕事からあぶれ
た人間である。

　以前総理府や各自治体主催による「世界青年の船」事業があった。
とかく井の中の蛙になりがちな日本の若者に、諸外国を見せること
はこれからの生き方を考えさせるうえで有益であると信じている。

模範文 　『読売新聞』の「特集 あの時 平成時代」のなかで、
日本女子大学名誉教授の岩田正美氏が、『今日の貧困問
題』について解説している。

　以下は、岩田氏による分析である。

　平成の貧困がさらに深刻化したのが、2000年代後半だった。高
度成長で減っていた生活保護受給者が急激に増え、2011年には200
万人を超えるまでになった。この数は戦後間もない頃の数と同程度
である。

　高齢化に伴う低年金の高齢者が増加したことが主因であるが、就
労が不安定な中高年層の受給が増えたことも大いに関係している。

　リーマン・ショックの後の2008年末、東京の日比谷公園に出現
した「年越し派遣村」に象徴されるように、新たな貧困も広がって
いった。

この派遣村には、解雇されて住居を失った「派遣切り」の被害者や、日雇いの派遣労働者、そしてホームレスなどが集まった。

　生活に不安定な若年層が増えていることも指摘したい。ネットカフェ難民は、新たな貧困の「かたち」である。

　その背景としては、労働規制緩和で派遣労働者が増えたことがある。低収入で住居を確保できない若年層は、友人や知人などに頼れない場合、ネットカフェなどが選択肢となる。

　派遣村は、見えない貧困層の存在を「見える化」したのだった。

　生活保護受給者は、2015年3月の217万4,000人がピークであった。しかしながら2018年2月現在でも、211万5,000人と依然として多い。

　生活保護が平成の貧困を下支えしたが、その外側にいるぎりぎりの層への対応は非常に遅れている。

　働いても生活が困窮し、住む場所のないネットカフェ難民やワーキングプアの若者に対応した福祉制度がないことが大きな問題である。平成で貧困の新たな処方箋となった生活困窮者の自立支援事業も、まだ十分な成果を見せていない。

　貧困問題が解決に向けて前進しない原因としては、自助努力を重んじ、個人の貧困に責任を負わせる日本の風土がある。「働けばいいじゃないか」とよく言われるが、ここ30年間安定した雇用は減り続けている。

　貧困者を食い物にする貧困ビジネスが日本の社会に仕組まれ、貧困からの脱出をますます困難なものにしている。

　ポスト平成では、貧困からの脱出を阻む社会の仕組みを打破するような、踏み込んだ貧困対策が必要である。

　日本には徴兵制はないし、高校進学率は100％に近い。しかしこの恩恵を実感している若者はあまりいない。その1つに日本社会が学歴社会であって、硬直化していることがある。これを打破するためには、リカレント教育や職業教育の充実が必要である。

日本の教育の問題点とは

論文の
ポイント

　　今の入試の方法は、マークシート型が一般的である。既成概念に合致するものを1つ選択するやり方である。
　ところでわれわれの人生では、いろいろな課題に直面するわけであるが、その解決方法は1つしかないということはほとんどない。いくつかの選択肢がある場合が大半である。課題に直面したらその中からより良い解決策を選び出さなければならない。人間が生きてゆくには、暗記だけでは通用しないのである。多面的に考察できる力、物事の本質を掴むことのできる力が、非常に大切である。

　今の青年たちは、マニュアルで教育されている。手紙を書くにもマニュアル、挨拶の仕方もマニュアル、何でもかんでもマニュアルである。マニュアルがないと生きてゆけない。こんな人間に個性が出るはずはなく、魅力に乏しい薄っぺらな人間が育つばかりである。

模範文

　　教育は国家発展の源である。多くの人は、この格言を首肯されるはずである。
　　明治維新以降の日本の近代化の成功の土台には、江戸期の寺子屋教育などによる儒教的教育があった。日本の文盲率の低さは、明治期の「学制」施行の結果ではない。江戸時代においては、すでに一般庶民の大半が、「読み、書き、算盤」はできたのである。
　商人は「大福帳」、すなわち今日流に言えば、金銭貸借表をつけることができなければ商売はできなかった。
　武士は、大小二本の刀は差しているものの、これは他人を殺めるものではなく、己れの職務に対する強い責任感を現す象徴であった。

学問のない武士は、主要な役職につけなかった。

「経、史、文」を基本とする江戸期の儒学的教育と現在の教育との最大の違いは、そこに教育哲学が存在しているか否かにある。

江戸期の教育には、人が人を育てるという考え方が強く流れていた。教育者に対しては、特別な敬意が払われたし、その上、子供はそれぞれの家庭で厳しく躾られた。

そうした江戸期の教育の伝統は、戦前の教育にも受け継がれた。

戦前の教育の中核は、旧制高校の教育にあった。

多感な年頃に、青年たちは、多くの文学書や哲学書を読んで、自らの生き方を模索した。

戦前の6・5・3・3制は、戦後、米国式の6・3・3・4制に切り換えられた。同時に大学は、官立七帝国大学と医科大学・文理科大学・高等工業学校などの、いわゆるインスティテュートやカレッジとの並列だったものが、一斉に新制大学になった。旧制の高校・高専・師範学校などが改組されて、「駅弁大学」と皮肉めいて呼称されるようになった。しかもこれらの学校が一斉に横並び均等になって、画一教育が行われることになった。

戦前の大学では、原理や問題解決の思考力を重視したが、戦後の大学では、教科書にどう書いてあるかを調べて、対応して行く方向へと、変化して行った。こうして、教育のマニュアル化が徹底していった。

大学の入試方法も、思考力や感性力を問う方式は敬遠され、採点を容易にするために、マークシート方式が大勢を占めるようになった。その結果、マニュアルを詰め込んだロボットのような人材が、数多く生み出されることになった。ところが、このようなマニュアル型教育は、後追い型の生産能力に優れた日本の工業の進展には大きな力を発揮した。

心理学者の宮城音弥氏は、「天才的と言ってよい学者、芸術家で

頭のよい人は一人もいない」と述べているが、機械的な暗記教育を主流とする今日の教育システムの下では、個性の強い子供は落伍してしまう。

　人間の思考は、適量の、そして、かなり選別された知識の下に誘発されてくるものである。幼いうちや若い時期の知識の導入は、かえって思考能力の発達を阻害する。

　今の子供たちは幼稚園に入るための塾から出発して大学に入学するまで一貫して暗記を中心とする塾教育に明け暮れることを余儀なくされている。遊ぶ時間もほとんどなく、自然を楽しむ時間もない。したがって子供たちには体力はつかず、好奇心も育ってこない。

　暗記をするということは、既成の概念を鵜呑みにして疑わないことである。その結果、思考力や感性は確実に低下することになる。

　未知のこと、既成概念に合わないことを忌避する人々の中から創造的なものは生まれてはこない。個性的で感性力の豊かな人材の育成こそ、今日の日本の教育にとって緊要な課題なのである。

　ところで、2022年から高校では本格的に「探求学習」がスタートした。この「探求学習」とは、自ら問を立てて、それに対して答えていく学習のことである。

　教師が立てた問に対して、ただ単に生徒たちが正解を探すのではなく、自分自身で問を立てて、その答えを出したいという探求心を大切にして進めていく学習方法である。インプットとアウトプットとを連関させた学習方法であり、これが成功すれば、従来の暗記型学習の弊害を是正できる可能性がある。

　ここ数年、我々は新型コロナという脅威を前にして、様々な方法を模索しながら対処してきた。課題に対して今ほど主体的に取り組んで解決能力を身につけることが必要とされるときはない。

実践編

教育

教育はいかにあるべきか

昔は少年・少女が非行に走る最大の原因は、家庭の貧困にあった。ところが今はそうではない。裕福な家庭の子供がクスリや「パパ活」という名の援助交際に走る場合が多くある。結局考えてみるに、今日の日本人は、明確な人生上の目標を喪失しているのである。目標を失えば、人間は堕落するだけである。

　今の子供たちには、生まれたときから全てのものが備わっている。欲しいものが全て整えられている。ここに不幸がある。努力とか忍耐の必要性を実感できないで成長しているのである。とはいっても人生はそんなことで渡ってゆけるものではない。人間にはお金以外にも大切なものがあるとか、命を捨ててでも守らなければならないことがあることを、子供たちに教えることが必要である。それぞれの人間には、人生の使命があることを教えるべきである。

古代ローマ帝国は、外敵の侵略を受けて滅亡したのではなかった。ローマ市民が享楽に溺れ、怠惰になって、自己崩壊をしていったのである。これは、古代ローマ帝国史研究家のギボンが『古代ローマ帝国興亡史』の中で述べていることである。

　最近の日本社会をみると、ギボンの言葉がそのまま日本の場合にもあてはまるように思う。いじめ、不登校、非行、引きこもり、学校崩壊、学力低下など、数えきれないほどの教育病理の多発と深刻化を知るにつけ、今のままの教育で「危機に立つ国家」を救い得るか、という疑問が生じてくる。何とか教育を抜本的に改革しなければ、国の将来も子供の将来も危ういと考える。

さて、こうした教育の荒廃の最大の原因は何であるのだろうか。

私は第一に、日本人の目標の喪失ということを挙げたいと思う。残念ながら、戦後の日本では、親や教師や政治家の口から、人生観の確立や人格の錬磨ということが説かれなかった。

親や教師が子供たちに説いてきたことは、「有名大学」に入って、「有名企業」に入ること、「そのために勉強しなさい！」という、実に表層的なことばかりであった。朝から晩まで、そのことを念仏のように説いてきた。

親や教師は、子供に対して、なぜ有名大学に入らなければならないのかとか、なぜ有名企業でなければならないのか、ということを、子供が心から納得するような言葉で語ることはなかった。いや、できなかったという方が正確である。なぜならば、有名大学に入ることは、端的に言えば、他人より高い給料を得ることができるということになり、結局のところ、人間や人生、仕事の価値を金銭でもって推し測ることしかしなかったからである。

社会や国家のために尽くすこと、あるいは、貧しく哀れな人々を救うことが、貨幣価値に換算できないほど、大切で立派な行いであることを子供に語る大人はいなかった。

「何で、それほど勉強しなければならないの？」「何で働かなければならないの？」「何で生きていなければならないの？」「そんなことしなくたって、十分食べていけるじゃないの」と、感受性が強く、多感な年頃の子供ほど、このような想いに捉われることになった。

どんなに世の中が便利で豊かになったとしても、人間であれば、「生まれ出ずる悩み」はあるものである。

今、大人たちは子供に対して、明治維新、太平洋戦争の敗戦に続く第二の危機に立ち向かう責任感と使命感に基づく高い志を持つこと、その日暮らしの自己中心的立場から脱出することを熱く語るべきなのである。

日本国憲法改正問題について論ぜよ

**論文の
ポイント**
太平洋戦争の敗北後、GHQ（連合国軍総司令部）による占領下に成立したのが、現行憲法である。終戦直後のアメリカの対日占領政策の主目的は、米国に二度と歯向かうことのできないような小規模の国家の創設だった。

今の憲法は、「マッカーサー憲法」と揶揄されていることは、ご承知の通りである。現憲法の核心は、なんといっても「第九条」にある。

軍隊の存在は認められず、交戦権は否定され、二重三重に日本の再軍備に歯止めがかけられている。ところがいうまでもなく、今日では自衛隊が存在し、いずれの国家にも自衛権はあると解釈されている。私にすれば、国家には軍隊があるのが当然であり、自衛権は固有の権利であると考えている。この考え方は国際常識であると思うが、いずれにせよ日本の憲法の理念と現状の乖離をどう埋めるのかが、日本の喫緊の課題である。

模範文
日本国憲法改正問題を具体的に論じてみたい。現行憲法は、GHQ（連合国軍総司令部）占領下の昭和21年（1946年）に制定され、翌22年に施行されたものである。いうまでもなく現行憲法は軍事的占領下で制定されたものであり、日本人自身が自由に意思表示できる内外の環境にはなかった。正常でない状況で定められた憲法は、国際法において無効である。これは、1907年に締結されたハーグ条約に明記されている原則である。ハーグ条約には、国家の統治形態は、国民の「自由に表明せる意志に従う」という条項がある。

フランス共和国憲法には、「いかなる改正手続きも、領土の保全が加えられているときには開始されず、また、続行されることはできない」と書かれている。東西ドイツ統一以前の連邦共和国基本法（ボン基本法）には、「この基本法は、ドイツ国民が自由な決定により議決した憲法が施行される日に、その効力を失う」という文言があった。占領初期の米国、およびGHQの対日方針の基本は、日本が二度と米国に歯向かってくることのないように、その牙を抜くことにあった。したがって米国としては、日本の牙を抜くことだったら何でもやった。その１つが憲法第九条の「陸海空軍その他の戦力は、これを保持しない」という、いわゆる、「戦争の放棄、戦力および交戦権の否認」の条項の明文化であった。さらに、憲法第九十六条の「憲法改正条項」において、「この憲法の改正は、各議院の総議員の３分の２以上の賛成で、国会がこれを発議し、……国民投票で、その過半数の賛成を必要とする」という足枷を課したのである。総議員の３分の２というのは、憲法改正の際、とてつもなく高く厚い壁となっているのである。

　ドイツでは、第二次世界大戦後に制定された新憲法（ボン基本法）が43回も改正されている。ドイツは、軍国主義の復活を警戒する戦勝国の目を恐れて、武力部隊の派遣による国際協力を避けた結果、1990年からの湾岸危機では、西側主要国としての国際的責務を十分に果たさなかったとの批判を受けた。そのため、ドイツ国民の間で、国際平和のための人的貢献についての重要性が認識されることになった。こうした世論の高まりの結果、ドイツは、日本よりも早く、1991年春、掃海艇をペルシャ湾に派遣し、クルド難民支援にも参加した。ボスニヤ紛争では、94年、国連の要請で北大西洋条約機構（NATO）軍がセルビア人武装勢力への空爆に踏み切ると、ドイツは「NATO加盟国としての義務」として、上空警戒に参加した。その後、NATO主導の平和実施軍（IFOR）への後方支援に、４千

実践編

憲法

123

人の部隊を派遣した。こうしたドイツの事例は、日本の憲法改正論議でも、大変参考になると思う。

　ところで現行憲法の改正に際しては、次の点が特に留意されるべきであると考えている。

　つまり日本が平和主義に徹することである。しかしながら、この「平和主義」とはいわゆる「一ヶ国平和主義」のことではなく、世界平和の構築のために、積極的に関与する平和主義のことである。その意味で私は、「国際平和―日本国民は、平和に対する脅威、破壊、および侵略から、国際の平和と安全の維持、回復のための国際社会の平和活動に率先して参加し、兵力の提供を含む、あらゆる手段を通じ、世界平和のため、積極的に貢献しなければならない」とする考え方に、基本的に賛成するものである。

　また「自衛権」については、現行憲法の第九条に、第三項を設け、「前二項の規定は、第三国の武力攻撃に対する日本国の自衛権の行使を、そのための戦力の保持を妨げるものではない」とする条項をつけるべきであると考える。

　憲法の自主的改正を党の使命に掲げる自民党は、（１）自衛隊の明記、（２）緊急事態対応、（３）合区解消・地方公共団体、（４）教育充実という４つのテーマを、憲法論議のための素案として提示している。自民党は、自衛隊の諸活動は国民から多くの支持を得ているにもかかわらず、合憲とする憲法学者は少ないため、自衛隊を憲法に明記することで自衛隊違憲論を解消すべきであるとしている。その際、９条１項・２項は変えず、９条の２として「自衛隊」を明記するとしている。

日本国憲法改正について考えを述べよ

論文の
ポイント

日本国憲法改正問題の核心は、第九条をどのように改正するかにある。私は現行憲法第九条に第三項を設け、「前二項の規定は、第三国の武力攻撃に対する日本の自衛権の行使を、そのための戦力の保持を妨げるものではない」という文言をつけるべきだと考えている。およそ国家において、その独立と主権を守るための軍隊を保持することは固有の権利である。また外国の侵略などから国家を守るための自衛権があることは、当然のことであり、しかも国際法で認められている。

「集団的自衛権」についても、いずれの国家もこの権利を有するとされている。日本だけが国際社会の常識と異なった解釈をしていることは、非常に奇異である。現行憲法は、日本が国家主権がなかったGHQによる占領下で制定されたものである。憲法に不備があれば、改正することにためらうべきではないと考える。

模範文

現行憲法は、太平洋戦争の敗戦直後、連合国軍総司令部（GHQ）民政局の作成した草案を、日本政府が受け入れた経緯で制定されたものである。

日本は、昭和26年のサンフランシスコ講和条約締結まで、GHQによって占領されていたのであり主権はなかった。主権のない占領下において制定された憲法は、真の憲法ではない。今日のドイツの基本法（憲法）は、連合国軍による占領が解除された後、改めて制定されたものである。

GHQの対日占領政策の基本は、日本が、再び軍国主義に陥ることのないようにすることにあったから、現行憲法第九条に規定されているように、軍隊も交戦権も否定した世界に類をみない徹底した

非軍事化の方針を明記したのだった。しかも憲法改正には、総議員の３分の２以上の賛成と、国民投票という二重の枠をはめて、ほとんど憲法改正を不可能な状態にした。

憲法は、国家の基本を定めているわけだから、その内容は、誰が読んでも、明確に理解できるものでなければならない。また、国家のあり様と、著しく遊離しているものであってはならない。現実と憲法条文が乖離している場合には、誰も憲法を尊重しようとしなくなるからである。

以前米国にはいわゆる「禁酒法」なるものがあった。「禁酒」することは、厳格な道徳家にとっては適う法律かもしれないが、人間が通常生活を営むに当たっては、窮屈すぎる。したがってこの「禁酒法」は、結局マフィアを太らせるばかりとなり、「悪法」のレッテルを貼られて、廃棄された。

現行憲法の第九条についても、同様なことが言えるのではないだろうか。現行憲法の制定時と今日とでは、日本を取り巻く内外の諸情勢が大きく変化している。

昭和25年（1950年）には朝鮮戦争が起こった。朝鮮半島や中台関係は、いまだに緊張している。1990年以後、冷戦が終結し、社会主義国は凋落した。そんななかで、日本には国際社会からさまざまな負担を要求されるようになった。

「憲法あって国滅ぶ」であってはならない。人間も国家も同じことで、結局、国民は、自分の運命には責任を持たなければならないのである。

日本人の集団主義の原因とは

論文の
ポイント

日本人の行動原理として、「集団主義」がある。一人だと何もできないが、集団になると力を発揮する。国際化時代の今日、世界に堂々と自分自身を主張できる日本人であって欲しいものである。

模範文

なぜ日本人は集団主義を好むのであろうか。以前欧米人が日本人を描くイメージといえば、「眼鏡をかけ、カメラを肩にかけて、どこに行くのも団体行動」というものだった。コロナ禍以前は、日本には大勢の外国人観光客が押し寄せたが、団体行動をしている外国人観光客は少なかった。おのおのが勝手にいろいろな所を巡って、日本を楽しんでいた。

日本人の集団主義志向の原因として、私は第一に、その地理的要因にあると考えている。本州・四国・九州・北海道・琉球から成る日本列島は、いずれも四周を海に囲まれている。

隣国のなかで最も近いのは韓国であるが、それでも100キロメートルほどは離れている。

英国領のドーバーから仏国領のダンケルクまでは、最短距離でわずか4キロメートルほどしかない。晴れていれば、対岸が見えるほどの距離にある。このためイギリスとフランスは、同じヨーロッパの一員として共通の文化を有している。英国はEUから脱退したといっても、政治・経済・安全保障・文化の一体性を止める訳にはいかない。

第二に、日本人の性格として「内向き」の思考が強いことがある。

内に内にと纏まろうとするベクトルが自然に働く。日本国憲法で

実践編

日本人論・日本文化

は、国籍離脱の自由が保障されているにもかかわらず、外国人と結婚した場合を除いて、実際にこの国籍離脱や亡命する人はほとんどいない。

　以前イザヤ・ベンダサン（山本七平のペンネーム）は、日本人の内向き志向を皮肉って、こうした日本人の考え方を、「日本教」と名付けた。ベンダサン曰く。日本人は右から左まで、皆「日本教」の信者であると。

　第三に日本人を集団主義にさせるのは、日本人が古来から稲作をする民であったということから来ているということがある。

　稲作は労働集約性の高い農業である。稲作をするためには、早春の時期の苗代作りから始まって、10月初旬の稲刈りまで、半年にわたって毎日田んぼの灌漑をしなければならないのである。

　田んぼに水をやり過ぎてもいけないし、田んぼが渇き過ぎてもいけない。田植えと稲刈りの時期ともなれば、一家総出で、さらには親戚の助力を得て、一気に事を終わらさなければならない。稲作する民として、日本人は田んぼを取り囲むようにして数十戸単位で一つの集落を作った。一つの集落が、「佐藤」だの「鈴木」だの皆同じ姓を持っていることがよくある。

　戦前までだったら、村のなかで一生過ごす人間は大勢いた。このような村落社会で暮らすには、「村八分」になれば、そこでの生活は難しかった。

　こうした村落社会の成員は、皆他人から疎外されないように努めようとする。自分の権利を声高に主張するよりも、「和」を求めようとする。皆出過ぎないように努め、周りの空気を読んで、その空気を乱さないように努力する。したがって日本社会では、個性的人間が称賛されるよりも、むしろ人格円満で穏やかな人間が好まれる傾向がある。

戦前と戦後では日本人の価値観は変化したか

実践編

論文のポイント 明治以降日本は「富国強兵」の方針で歩んできた。しかしながらこの考え方は、太平洋戦争で敗北したことによって完全に挫折する。そこで戦後は、戦前の「富国強兵」とは真逆な方針で国を運営しようとした。「平和憲法」の下に軍隊を持たず、世界の戦乱には見向きもせずに、バブル経済崩壊前までは「エコノミック・アニマル」と揶揄されるほどの経済至上主義で生きてきた。そして、失われた30年を経て、「日本のあり方」が今問われている。

模範文 明治維新以来日本は、「天皇制」と「富国強兵」のスローガンの下に、西洋列強に追いつこうとして懸命に突っ走ってきた。日本は資本主義が成熟していない分、軍事力で補おうとした。

　幸いにも日本は日清・日露戦争に勝利し、第一次世界大戦の際も英米などの協商国側に組したため戦勝国になることができた。第一次世界大戦後日本は、米英仏に続く４大列強の１つにのし上がって、国際連盟の原加盟国および常任理事国にもなった。

　ところが悲しいかな、極東の島国に住む日本国民の国際政治感覚は、今と同じで甚だ鈍かったのである。帝国主義時代が終わって国際協調の時代になっても日本はその潮流を悟らず、軍事力にものを言わせて中国東北部の満州に新天地を作ろうとした。

　こうした日本の帝国主義的姿勢に、諸外国は強く反発した。国際的孤立感を深めた日本は、昭和15年９月、日本は「持たざる国」のドイツ、イタリアのファシズム国家と日独伊三国軍事同盟を結び、ABCD包囲からの脱却を図ろうとした。

日本人論・日本文化

しかし日本はヒトラーやムソリーニのファシスト指導者と手を握ったため、わが国に対する英米仏の不信感をますます買うようになった。昭和16年12月から20年8月15日まで足かけ5年に及ぶ戦争によって日本は廃墟となり、戦争犠牲者は日本人だけでも300万人にも上った。

　太平洋戦争後の日本人は、戦前とは真逆の価値観を抱くようになった。日本は「天皇主権」から「国民主権」となり、「富国強兵」に代わって、「経済優先策」になった。

　戦後の日本人は生活の豊かさを目指してがむしゃらに働いた。日本人の多くは、伝統などは総て反動的だと考えるようになった。能、歌舞伎、文楽、華道、茶道などは、一部の富裕層を除いて一般生活のなかから一掃された。

　日本語よりも英語が重んじられるようになった。今日では幼稚園に英会話が導入されるところも多い。明治以来日本人のキリスト教徒は1％であるにも拘らず、戦後はミッションスクール系の高校・大学が隆盛している。

　「軍国主義」に代わって、「反戦・平和」が絶対的価値になった。しつけは反動とみなされ、批判の対象となった。責任感などは強く教育されなかったものだから、日本人の大半は無責任で軟弱になっているようである。

　今では「草食系人間」なる概念も生まれ、それなりに説得性を持っている。サッカーの日本代表のユニホームの色は「サムライブルー」であり、映画では『ラスト・サムライ』などがヒットした。日本の若者にとっては、サムライなどは凛々しく憧れの的らしいが、実生活では総てにわたって、「優しい」社会になっている。

日本の戦後改革の意義とは

論文の
ポイント
　　　現在日本は不況下にあるとはいうものの、世界第３位
の富裕国である。太平洋戦争後半世紀でいかにかくも発
展したのであろうか。その原因としてGHQによる戦後
改革があったことが、指摘されよう。この戦後改革の柱は、次の３
つからなる。すなわち農地改革、財閥解体、そして広範な民主化で
ある。

　農地改革とは、地主からただ同然で土地を手放させて、それを小
作人に与えた改革のことである。これによって戦前「小作人」とい
われた封建制の遺物が一掃されたのである。自作農となった農民た
ちは、収穫物の増産を目指して懸命に働いた。財閥解体とは、財閥
に富が集中しないように、強制的に株券を一般に放出させたことを
いう。これによって財閥は没落し社会的影響力をまったく失ってし
まった。

　民主化とは、労働組合の設立、教育の民主化、家族制度改革、男
女平等など、広範な改革のことである。これらの改革によって、き
わめて均質的日本社会が形成された。

模範文
　　　日本の戦後改革とは、具体的には太平洋戦争敗北の結
果、GHQ（連合国軍総司令部）の主導の下に行われた
３つの改革、すなわち、財閥解体、農地改革、そして民
主化を指す。戦前、日本経済は、三井、三菱、安田、住友、古河な
どの、いわゆる財閥によって支配されていた。例えば、三井家は、
銀行、鉱山、商社など、その傘下の企業の大半の株式を所有して一
大コンツェルンを形成していた。こうした状況は、三菱の岩崎家、
あるいは安田家、住友家、古河家の場合も同様だった。

財閥支配の弊害として指摘しなければならないことは、第一に、これが競争原理の否定に繋がるということである。自由主義経済の長所は、各人（企業）に、自由な発想の下に、競争させることによって、より良い商品を、より安く消費者に提供することにある。経済人は、それによって、大きな利潤を享受できるのである。財閥が支配すると、そうした自由主義経済のメリットが生かせない。

　第二に、日本国民の間に、富の偏在が起きる。財閥が日本経済を支配した姿は、マルクスのいう資本主義経済の末期現象である金融資本主義段階の状況と極めて酷似していた。

　日本では、大正末期から労働争議も激しくなり、資本主義の諸矛盾から帝国主義戦争を惹起し、さらには、プロレタリア革命が発生するという予想も、それなりの現実味を持っていた。

　次に、農地改革であるが、戦前の最大の社会問題は、各地で数多く発生した小作人争議であった。地主の存在と、それに隷属する小作人の関係をいかに解決するかは、戦前の日本社会の懸案だった。

　にもかかわらず、日本政府は、何ら有効な政策を打ち出すことができなかった。昭和初期の経済恐慌と凶作は、わが国の貧しい農民層を直撃した。農民たちは、米を作っているにもかかわらず、白米のご飯を食べられるのは、一年に何度もないといった悲惨な状態にあった。

　以前、NHKの朝のテレビドラマに「おしん」という番組があったが、哀れな主人公の「おしん」こそ、小作人の娘の実相でもあった。「大根飯」「女中奉公」「娘の身売り」の話は、日本の、どの農村でも存在した日常茶飯事の出来事であった。

　最後の民主化であるが、民主化とは、日本の軍国主義を一掃するため、家庭から、教育の現場、労働界のすべての分野にわたって、GHQが推し進めた諸改革のことであった。多産による人口急増が満州進出など日本の植民地獲得の原動力になったとして、GHQが

熱心に推進した運動として、産児制限の普及があった。米国からサンガー女史を招いて普及活動を行った結果、戦前の日本家庭では、兄弟４、５人が当たり前だったのに、戦後、家族の子供の数は、平均２人以下になった。また、この産児制限の鍵は、女性の意識改革と地位の確立にあったため、男女同権を促す、様々な教育、あるいは運動が行われた。俗にいわれるように、戦後、強くなったものは、「女性とナイロンストッキング」なのであった。教育の民主化の具体例としては、小中学校にPTA（父兄と教師の集まり）が設立され、国家主導の教育に歯止めがかけられたし、体罰の禁止も、強くいわれるようになった。日教組は、「再び子供たちを戦場に行かせるな！」をスローガンに、反戦、平和をその主要な運動にしてきた。

　その他にも、日本の軍国主義と結びついた神道の一掃、天皇の神格化の否定、キリスト教の普及、キリスト教教会による日曜学校の推進、３Ｓ政策といわれるような、スポーツ、スクリーン、セックスの普及によるアメリカン・カルチャーの普及も、戦後民主化運動と連動していた。これは、演劇の改革運動にも及び、社会問題を鋭く抉（えぐ）る新劇運動、忠君愛国や切腹場面の禁止などを要求した歌舞伎改革政策にまで及ぶことになった。

　GHQ主導による、これらの戦後改革は、戦争の惨禍を身を以て体験した日本人の願いと重なり合っていたため、成功を収めることになった。こうして、GHQの下、日本の戦後改革は、徹底的に推し進められていったのである。日本の戦後改革は、革命にも近い大きな社会改革だったが、いずれにせよ、「外圧」がなければ、諸改革を断行できないとする主体性のない考え方が日本に蔓延することになった。

日本の近代化がとり残したものとは

論文の
ポイント
　　現在日本は世界第3位の富裕国に成長した。しかしな
がら今の日本人は経済的豊かさに見合うだけの精神的ゆ
とりを持ってはいないように思う。自国の文化や伝統に
対して、さほど誇りを抱いていないようにも見える。それはなぜで
あろうか。

　われわれは1945年8月15日、太平洋戦争に敗北したことによっ
て、それ以前の歴史や文化を、反動的で価値のないものだとして、
すべて否定しようとした。

　日本人は過去と決別した記憶喪失人間になったのである。われわ
れは、過去に対して謙虚に反省を加えて、これからの生き方を見つ
けていかねばならない。われわれとしては、日本人としてのアイデ
ンティティを確認して、将来の生き方を模索すべきだと考える。人
間はカネだけでは幸せにはなれない。カネは豊かな文化的生活を営
むのに必要なだけである。

模範文
　　1945年8月15日、日本は太平洋戦争に敗れ、廃墟とな
った。日本は、それまで植民地にしていた台湾、朝鮮、
満州、その他の海外の領土を失い、そこに住んでいた同
胞が帰国した。空襲のためほとんどの工場は破壊されてしまった。
そうした状況にあっても、日本人は、何とか生き延びて行かなけれ
ばならなかった。

　復員した我々の父親たちは、家族を餓死させないように懸命に働
いた。ともかく腹一杯食べること、そして、雨露を凌ぐ住居を建て
ることが、すべての日本人の目標であった。当時の日本人は、モノ
に飢えていた。日本人は米国との戦（いくさ）に負けたのは米国の物量のせい

だと考えた。戦場での彼我の圧倒的な砲弾量の差や兵糧食のあまりの格差を見せつけられた。その上、占領軍としてやってきた彼らが携行してきたものはチョコレートであった。こうして、日本人は米国の豊かさに身も心も圧倒されてしまった。それ以来、「米国に追いつけ、追い越せ」は日本人のアイデンティティになった。米国人のように、マイカーを持ち、洋風家具に囲まれた「文化生活」は全ての日本人の憧れの的となった。

　1950年の朝鮮戦争特需が呼び水となって、日本経済は発展した。米国のドルを基軸通貨とするブレトン・ウッズ体制は、貿易立国を国是とする日本にとっては、非常に好ましい国際環境であった。さらに、戦前、国家予算を圧迫した軍事費の重圧が取れたため、戦後の日本は、「神武景気」、「岩戸景気」、「いざなき景気」と、1973年の第一次石油ショックのときまで、年率10数％ずつ国民総生産（GNP）の成長を成し遂げた。日本人は、米国並みの豊かな生活が保障され、「所得倍増計画」が実現できるのであれば、文化的価値や精神的価値を犠牲にすることも厭わなかった。

　1960年代に入って、本格的なモータリゼーションの時代を迎えると、日本全国に高速道路網が張り巡らされることになった。東京には「首都高速道路」が建設された。機能面のみが重視され、景観などは、全く考慮されなかった。

　「お江戸日本橋」といえば、東海道五十三次の発着点であり、生鮮食糧品を売る市や小店が立ち並ぶ、活気溢れる場所であったが、今日では、往時の面影はない。日本橋は、首都高速道路の直下に架かっているし、その周りには、無残にも、高速道路の橋脚が打ち込まれている。「大川」、すなわち、墨田川は、江戸っ子の心の拠り所であった。『白波五人男』、『三人吉三』、『十六夜清心』、『文七元結』など、河竹黙阿弥が書いた歌舞伎には、必ずといってよいほど、「大川端」が登場する。ところで、この「大川」に今、行ってみる

がよい。河川は、２メートル以上の高さのコンクリートの堤防に囲まれ、台東区側より向島方面を眺めてみると、筑波山ならずして、東北自動車道に繋がる首都高速七号線が、堤防の上に横一直線に延びているのである。日本橋、大川、浅草、吉原といった江戸っ子の郷愁を誘う場所は、今はないのである。戦後生まれの人間は、戦前の人々が、なぜこうした場所に愛着を持つのか理解ができないのである。戦後半世紀以上を経て、日本人は、心の故郷をすっかり失ってしまった。

　翻って、ヨーロッパを旅行すると、17世紀に建てられた教会とか、百年前の著名な芸術家の生家が、今でも、当時そのままの形で残されていて、しかも、街の風景の中に溶け込んでいる様子をみて、うらやましい感じがすることが何度もある。ヨーロッパには過去があり、現在があり、そして未来がある。一方、日本には過去はなく、現在があるだけである。過去のない記憶喪失人間が、どうして未来を語ることができるのだろうか。人間は、過去に真摯な反省を加えて、現在の意味を理解し、未来の生き方を模索するものである。

　今日、日本人の多くは、ある種の閉塞感を抱いている。結局、この原因を考えてみるに、日本人が過去と断絶し、一種の心神喪失状態になっていることに関係があるように思う。心神喪失者には、忌まわしい過去もないが、現在もなく、そして輝かしい未来もないのである。今日、日本社会は、終戦直後とは比較にならないほどモノは豊富になった。しかしながら、アイデンティティの喪失感に悩む日本人は、その喪失感を埋めるべく髪を茶色に染めたり、ピアスをしたり、懸命の努力をしている。それにもかかわらず、日本人は、米国人にもなり切れず、かといって、アジア人ともいえない不思議な人種と化してしまっているのである。

日本のナショナル・インタレストとは

論文の
ポイント
　日本のナショナル・インタレストとは何か？　端的に言えば日米関係を外交と安全保障の基軸にすることである。1960年と70年の日米安保の改定時期、「日米安保体制からの離脱」を主張した背景には、占領下で隠さざるを得なかった愛国心の発露があった。

模範文
　明治維新から今日に至るまでの150年間の日本の進展を概観するに、わが国が米英の海洋国家と同盟あるいは提携している間は隆盛し、反対に日本が大陸国家と同盟・提携しているときは没落の道を辿っている。

　日本は明治27、28年の日清戦争に勝利したものの、その直後に露独仏による「三国干渉」に遭い、戦勝で得た遼東半島を清国に返還しなくてはならなくなった。このときほど日本は、同盟の後ろ盾を持たない小国の悲哀を味わったことはなかった。以後日本は「臥薪嘗胆」を合言葉に「富国強兵」に努めることになる。

　朝鮮半島の支配権をめぐってロシアと対立した日本は、最初は「満韓交換方式」でロシアとの妥協を図ろうとしたが、ロシアは満韓の両方に支配権を得たいとしてこれには乗ってこず、このため日露の対立は決定的になった。

　この頃ロシアのアジア支配を警戒する英国は「光栄ある孤立」政策を止め、極東の新興国である日本との同盟を選択することにした。

　日露開戦の直前の1902（明治35）年日英同盟条約を締結し、これを後ろ盾にして、1904年、日露戦争の開戦を決断した。

　日本は日露戦争を開始して半年余で戦費の大半を費やしたため、外国から戦債を募らざるをえなくなった。

しかしこの戦債に応じた国は、米英両国以外にはなかった。当時ロシアにおいてはユダヤ人が迫害されていたため、ツァーリ体制が弱体化すればユダヤ人に対する迫害も薄らぐと考えた。このため米国のユダヤ人金融資本家たちは、進んで日本の戦債に応じた。

　もしも米英の支援がなかったならば、日露戦争での日本の勝利はなかったであろう。

　ロシアのバルチック艦隊が世界を周航して日本海の対馬沖に辿り着くまで、制海権を握っている英国は、陰に陽にロシア艦隊に対して牽制や嫌がらせを行った。このためバルチック艦隊は出港した途端に日本の奇襲攻撃を心配せざるを得なくなった。

　1914（大正3）年8月、第一次世界大戦が勃発した際、日本は、日英同盟の誼で連合国陣営に組した。日本は連合国側に、船舶や兵器、弾薬、衣料品などを供給して、多大の利益を上げた。このため日本は、日露戦争の際の多額の借金を、第一次世界大戦で一挙に帳消しにすることができた。未曽有の戦争特需である。

　ところが増長した日本は、次第に米国を仮想敵国として意識するようになった。その結果、1940（昭和15）年9月、日本は独伊との間で「三国軍事同盟」を締結したため、日本はヒトラー、ムソリーニのファシズム枢軸陣営の一員と見做されてしまった。

　1941（昭和16）年12月8日日本は対米開戦に踏み切った。そしてそれから足かけ5年を経て、1945年8月15日、日本は敗北し廃墟になった。

　第二次世界大戦後日本は、米国との同盟の中で復興を図ることを決意した。歴代の政権は「軽軍備経済優先政策」を掲げ、米国をリーダーとする国際自由貿易体制の下で、空前の繁栄を誇ることになった。

「独立自尊」の文化とは何か

**論文の
ポイント**

　ひと言でいえば「温故知新」の大切さを知ることである。すなわち古きことを調べ、新しきを知ることの大事さである。日本が明治維新以来100年足らずして世界の有数の先進国に成長することができた背景には、それまでの260年にわたって続いた江戸文明の成熟があった。日本人は女子と男子を問わずに、「読み、書き、算盤」といった基本ができ、当時の日本人の識字率は世界一であった。

　庶民の多くは「寺子屋」などの私塾に通っていたし、武士たちは藩校に入り「四書五経」を基本書として人間観を練り、中国の歴史を通して国家の衰亡の様を学んだ。

　今日、日本の郵便は早くて確実であるが、これなども江戸時代にすでに「飛脚制度」が完成していたことと関係している。したがって明治期に入り、近代郵便制度を導入することはたやすかったのである。

　またシェークスピアと同時代に、近松門左衛門が人間の悲哀を描いた今日でも頻繁に上演される文楽や歌舞伎の戯曲を書いた。『恋飛脚大和往来』を観れば、お客から金を預かっている飛脚屋が「封印」を切れば首が飛ぶといった厳しい商人道か確立していたことがわかる。

　太平洋戦争後日本は30年経たずして戦後復興を成し遂げたが、それは戦前の高い科学技術の連続性があったためである。日本の優れた造船技術は、戦前７万トンもの大和・武蔵を生んだ高い造船技術から来ているし、戦後YS11を生んだ背景には、ゼロ戦の高い技術力との継承があったためである。

　2018年は、明治維新からちょうど150年にあたる年であった。嘉永6年の黒船来航から15年かけて明治維新を達成した日本は、西洋列強に呑みこまれないように、西洋化と殖産興業を追求した。

　明治22年2月11日、日本はアジア諸国の中で最初に憲法を持つ国になり、さらに明治27、28年の日清戦争に勝利して、続いて明治37、38年には大国ロシアとの戦争に勝利した。

　さて日本がなぜかくも短期間のうちに列強の1つに上り詰めることができたのかであるが、その要因の1つに江戸文化の成熟がある。

　徳川時代においては約200数十年にわたって鎖国を採っていたが、だからといって文化の退嬰を意味するものではなかった。その分日本はその独特の文化を成熟・深化させていったのである。

　今日ユネスコの世界文化遺産に制定されている「能楽」「文楽」「歌舞伎」などは、みな江戸期に体系化されて深められていった。能楽は室町時代初期に形づくられたものであるが、今日のような能楽になったのは、江戸時代に入ってからである。今日の演能の所要時間は、一番あたり1時間半から2時間かかるが、秀吉の時代の能は、一番20〜30分程度だったといわれている。

　歌舞伎と文楽は、徳川家康が江戸に幕府を開いてから百年ほど経った元禄時代になって、さまざまな変遷や改良を施して、今日のような独特の様式の演劇になった。

　「茶道」や「華道」にしても同様で、その発生は室町時代初期に遡ることができるが、やはり江戸期に大成化した。銀行制度にしても、江戸期にすでに「両替商」などがあった。今日の銀行業務の一端が形づくられていたのである。

　「相場」も江戸期に大いに普及した。大坂の堂島における米相場は、瞬く間に全国に伝わった。

　前島密などが推し進めた近代的な「郵便制度」は、もちろん明治

に入ってから創成されたが、江戸期に既に「飛脚屋」が存在した。「飛脚屋」は、幕府の役人から手紙を開封されることもなく、宛先に確実に運ぶことができた。そうでなくては、NHK総合テレビで放映された『西郷どん』は成り立たない。このドラマには、江戸と薩摩の間の書状のやり取りの場面が頻繁に出てくる。

したがって明治になって、より近代的で国営の郵政制度を導入する事は、上記のような飛脚制度があったため容易であった。今日「ヤマト運輸」や「佐川急便」をはじめとして、幾つかの大手の宅配業者が存在するが、これらの原型はみな江戸時代に創られていたのである。

国際学力比較調査などを見るまでもなく、国語力や算数などの分野での日本人の優秀性は世界でも良く知られている。毎回の調査でも、日本人の学力は長年トップスリー以内に付けていた。いわゆる「読み、書き、算盤」などは、何も明治時代に入ってから始められたものではなく、江戸期において、寺子屋などで広範に庶民教育が行われていたのである。

明治6年の「学制」の施行によって義務教育が徹底されるようになったが、それ以前にも既に庶民教育は一般化していた。江戸期には、女性も含めて日本人の大半が「読み、書き、算盤」ができた。「読み、書き、算盤」などの基本的教育インフラが整っていたため、明治になってさらに進んだ西洋の学問が入ってきても、日本人にはそれをたやすく消化することができたのである。

こうしてみると、明治以降の日本の急激な近代化は、江戸期の文化を基礎にして、これに積み重ねる形でなされたということができる。

このようにみると、日本史を、「江戸―明治―敗戦―戦後」と区分してみることは適当でないことがわかる。少なくとも江戸時代以降の近現代400年間を連続して俯瞰しなければならないのである。

地球環境問題とは何か

　地球環境問題の本質は、人間が自然を征服できるといった思い上がりにある。近代西洋文明の本質は、ダーウィニズム（進化論）、科学万能主義にある。いま地球環境は非常に深刻な状態にある。毎年のように起こる地球温暖化や異常気象は、われわれが日常的に直面していることでもある。

　われわれは、近代文明に対して懐疑的にならざるを得ない。科学の進歩は、果たして人類に幸せをもたらすのだろうか。われわれが近代文明の恩恵を受けているのと引き換えに、地球環境は悪化の一途を辿っている。

　地球環境問題は、19世紀の産業革命に端を発し、20世紀初頭の化学革命から深刻さを増してきた。化学合成によってできた製品、すなわちビニールなどは、月日が経っても朽ちることはない。

模範文
①

　（1）地球環境問題に関して具体的に採り上げるとするならば、（一）伐採による熱帯雨林および森林枯渇の問題、（二）それに関連する生物学的多様性の問題、（三）砂漠化の問題、（四）炭酸ガス排出による地球温暖化の問題、（五）フロンガスによるオゾン層破壊の問題などである。わが国の場合は、1950年代後半から、重金属などの汚染によって、イタイイタイ病や水俣病などが発生し、その結果、68年に、世界に先駆けて大気汚染防止法が制定され、71年、環境庁が作られた。この頃から日本は本格的なモータリーゼーション時代を迎え、排気ガス公害が発生した。

　（2）私は、公害発生の原因として、現代産業の特徴とそのメカ

ニズムを指摘しておきたいと思う。公害がなぜ深刻かといえば、自然の循環機能を遮断し、それが生態系を破壊するからである。以前、私は、テレビのドキュメンタリー番組で、海亀が海中投棄されたビニールを呑み込んだため、死亡した例を見たことがあるが、このビニールを合成した第一次世界大戦前後に起こった化学革命を想起する必要がある。18世紀から19世紀の産業革命は、大量生産、大量消費、そして、大量廃棄の生産メカニズムを作ったが、それだけでは、資源の枯渇の問題は起こるにせよ、生態系の急激な危機現象はまだ起こらなかったであろう。それが、大量生産のメカニズムと相俟って、自然循環を遮断するビニールなどが出現することによって、非常に深刻になったのである。このビニール袋は朽ちることがない。投棄してもそのまま残存し、ついには、自然界の生態系を壊すことになるのである。

（3）西洋文明は、自然と対決し、自然を征服する思想を、その中核の1つとしている。また、西洋文明は、進歩主義、すなわち、ダーウィニズムに立脚している。確かに、科学文明の進歩は人類に豊かな生活をもたらした。しかしながら、公害、環境汚染、資源の枯渇という、生物としての人類の危機に瀕せしむる状況をも造り出した。自然と人間との共生、これこそ今、人類が構築しなければならない概念なのである。

模範文
②

（1）温暖化—太陽から熱を受けて暖まった地球表面からは、宇宙に向けて赤外線が放射される。雲ひとつない冬の夜など、地上温度が著しく低下するのは、地表面から放出された赤外線が、遮るものもなく、どんどん宇宙空間に逃げていくからである。放射冷却である。

ところが大気中に二酸化炭素、メタン、フロン、オゾン、亜酸化窒素などの温室効果ガスが存在するために、通常、地表面から放出

された赤外線はこれらのガスに吸収される。

18世紀半ばの産業革命の頃から、化石燃料を消費する人間の生活活動が大規模に展開されるようになり、地球の温暖化が顕著になった。

地球温暖化のもう１つの原因は、温室効果ガスである二酸化炭素を吸収する森林の後退である。アマゾンの熱帯雨林は、二酸化炭素の吸収源から排出源に転換したという調査もある。

気候変動に関する政府間パネル（IPCC）の報告によると、地表温度は産業革命以前に比べて2020年まで摂氏1.3度〜2.5度、2070年までに摂氏2.4〜5.1度まで上昇すると予測されている。温度上昇は一様ではなく、北半球の高緯度地方で相対的に大きいと予想されており、結果として、一部地域での農業生産の増大の一方で、作物の高温障害や病害虫障害の増加、干ばつの発生、北極の氷の融解と海水の膨張による海面上昇などの影響がもたらされる、と考えられている。

（２）オゾン層の破壊―オゾンは、地球に降り注ぐ有害な紫外線を能率よく吸収し、生物を守っている。地上数10キロメートルにはオゾン濃度が比較的高い層（オゾン層）があるが、それらのオゾンを全部集めても、常温・常圧の下ではせいぜい３ミリメートル分の厚さでしかない。

1974年、成層圏に達したフロンガスが紫外線の作用で塩素ガスを遊離させ、オゾンを分解する危険があることが警告された。また南極上空にオゾンの希薄な領域（穴）があることが広く知られており、オゾン・ホールと呼ばれている。

オゾンが減少すると、地上に降り注ぐ紫外線の強さが増し、海のプランクトンの生育を阻害して食物連鎖に影響を与えたり、皮膚癌を増大させたりする可能性があるといわれる。ある評価では、オゾン濃度が10％減少すると紫外線が２％増加し、皮膚癌が５％増える

という。

（3）酸性雨—石油コンビナートや火力発電所からの排気中の硫黄酸化物や窒素酸化物が雨粒に溶け込むと強い酸性の雨が降り、植物を枯らし、湖沼に深刻な被害をもたらす。

　酸性雨の原因物質である硫黄酸化物や窒素酸化物は、しばしば国境を越えて移動するため、一国だけの対策では実を上げない。日本の酸性雨の原因の一端は中国大陸での産業活動に伴う排気にあることが指摘されている。

（4）熱帯雨林の後退—人類が農耕生活を始めた約一万年前には、世界の陸地面積130億ヘクタールのほぼ半分に相当する61億ヘクタールが森林だったが、1960年には森林面積は4分の1に減少し、今ではその割合は5分の1に減りつつある。国際食糧農業機関（FAO）によれば、このままだと、今世紀中に森林面積は陸地面積の6分の1に減少すると警告されている。

（5）砂漠化—一般に、降水量の不足や何らかの原因による土地の乾燥によって植生がなくなった地域を砂漠という。家畜の放牧が過密になると、芽吹いたばかりの植物も食べ尽くされる結果、草地や土地資源が急速に劣化、荒廃し、植生条件が失われ、保水能力が減退して砂漠化が進行する。現在、アフリカのサヘル地域や中近東、中国などで、毎年600万ヘクタールを超える農地が砂漠化の危険にさらされている。

地球温暖化防止策について論ぜよ

**論文の
ポイント**　「カーボンプライシング」といわれる政策手法が注目されている。これは二酸化炭素（CO_2）の排出に対して価格付し、市場メカニズムを通して排出削減をする政策手法のことである。多くの経済学者が効率的な地球温暖化対策として推奨してきた。CO_2の排出者に対して排出量当たりの税を課す炭素税（価格アプローチ）と、最初に排出総量の上限（キャップ）を設定して排出者間での排出枠を認める排出量取引制度（数量アプローチ）がある。炭素税では一定の税額が当初より明示されるため、排出者にとり予見可能性が高く既存の徴税制度を利用できるので行政コストの増大にはつながらない。

模範文　産業革命以降、石油や石炭が大量に使われ、代表的な温室効果ガスであるCO_2の濃度が急速に高まった。その結果過去100年間で、地上気温は0.3〜0.6度、日本では１度上昇した。温暖化問題を検討する科学者の集まり、IPCC（気候変動に関する政府間パネル）が1995年に発表した報告書では、このまま放置すると、100年後には、地上気温は２度上昇、南極の氷が解けて、海面の水位は50センチ高くなると警告している。

　こうした破局を回避するため、気候変動枠組み条約が1992年に採択され、これを受けた1997年の京都会議では、CO_2、メタンなど６種類の温室効果ガスについて、「先進国全体で2008〜2012年の年間排出量を、1990年比で5.2％減らす」ことを定めた京都議定書を採択した。議定書は、日本６％、米国７％、EU８％という国・地域別の削減を義務づけた。同時に「京都メカニズム」と呼ばれる、削減ルールの概略も決まったが、京都会議では削減目標を決めるのに

精一杯で、詳細なルールの決定は先送りされた。

　京都メカニズムは、国内対策だけで目標が達成できそうにない場合、他の先進国から余った排出量の枠を買い取って埋め合わせる「排出量取引」、先進国同士で削減プロジェクトを実施して、その成果を分け合う「共同実施」、発展途上国の削減に先進国が協力して、成果の一部を自国の削減分に算入できる「クリーン開発メカニズム」の３つのルールを活用できるとしている。

　このほか光合成によって、CO_2を吸収する森林を削減対策として認めることも決まったが、京都会議以降、２回開かれた締約国会議では、細部のルールをめぐって議論は平行線を辿り、「気候変動枠組み条約第６回締約国会議（COP６）」で決着することになった。

　京都会議では、温室効果ガスの削減目標と実施方法の枠組みだけが決まった。これを受けて翌年のアルゼンチン会議（COP４）では、「COP６までに、具体的な削減方法を決める」ことが議決された。そのCOP６では、先進国が自国の削減枠を達成できない場合に利用できる「京都メカニズム」を、どんな方法で、どの程度まで許すか、が焦点になった。

　日本にとって最大の争点は、削減対策として「森林の効果がどこまで認められるか」である。政府は天然林も含め、最大限認めるよう求めているが、現在の段階で賛成する国は一国もない。

　日本政府は、削減目標６％のうち3.7％を森林で、残りは排出量取引など京都メカニズムの活用で稼ぐ計画である。しかし削減分を天然林の面積で「身代わり」できるルールにすれば、米国やカナダなど広大な森林を持つ国は、省エネ努力なしでも削減目標を達成できてしまうため、日本の主張は海外の環境団体から激しい非難を浴びている。

持続可能な発展とは

　　　1970年、世界各国の経済学者や科学者、財界人など
を集めて、政策提言を行う目的で「ローマクラブ」が設
立された。このクラブが発表した『成長の限界』と題す
る報告書はわれわれに大きな衝撃を与えた。

　当時日本はGNP年率10数％の成長を誇っていた。しかもこの成
長率は1945年以来20年間にわたってのものだった。したがって私
などは、経済成長に限界があるなどということは、今では当然と思
っているが、当時はありえないと思っていた。

　ところが1973年に第一次石油ショックが起こったことによって、
現実のものとなった。現世代の人々のみならず、次世代の人たちに
も豊かな文明的生活を享受させるためには、さまざまな対策が必要
である。1992年、ブラジルのリオ・デ・ジャネイロで、国連環境
開発会議（地球サミット）が開催され、「持続的発展」の概念が話
し合われた。

　　　（1）1991年12月、ソ連邦崩壊によって、東西二極体
制に象徴される冷戦構造が終結した。世界は、21世紀に
向けて、いかなる秩序のもとに再構築されるのかを模索
するようになった。

　そして、この歴史の転換点ともいうべき時期に、地球温暖化、オ
ゾン層の破壊、酸性雨など、地球規模の環境汚染が深刻化してきた。
将来の世代を含めて、人類の生存基盤を脅かしつつある。

　こうした状況のもと、1992年6月、ブラジルのリオ・デ・ジャネ
イロにおいて、「国連環境開発会議」（UNCED）、いわゆる、「地球
サミット」が開催された。183ヵ国の政府代表をはじめ、165ヵ国か

ら非政府組織（NGO）関係者が参加して、経済発展と環境保護を同時に達成するという人類的課題が検討された。

（2）西暦14年頃には、約2.5億人と推定された人口が、10倍の25億人になるのに、2000年近くの年月を要した。ところが、25億人になった世界の人口が、その後30年余りで、2倍の50億人に増大した。西暦2000年には60億人を超し、2050年には100億人に達すると見られている。しかしながら途上国を中心とする爆発的人口増加傾向に対して、現状では有効な人口対策は見つかっていない。

このような人口増大を基調として、いま地球上では、国際間や各国内の所得格差は拡大傾向にある。また化石燃料をはじめ、枯渇性資源の消費は、ますます増大している。そして国境を越えて、大気・陸域・海域において、様々な環境破壊が進んでいる。飢餓や戦争による難民の増大、エイズ・麻薬の蔓延も問題になっている。

（3）そもそも「持続的経済成長」という概念が用いられた背景には、発展・開発を指向するあまり、環境破壊や資源収奪を進行させてしまう、破局型社会システムへの警鐘の意味が込められている。将来の世代の利害を損なうことなく、かつ、現世代の公正さを配慮した発展が理念として問われるようになった。

マックス・ウェーバーの『プロテスタンティズムの倫理と資本主義の精神』では何が説かれているか

論文のポイント　本書は、営利の追求を敵視するピューリタニズム（プロテスタンティズム）の宗教倫理が、実は資本主義の誕生に大きく貢献していたということを著したものである。

ウェーバーは、近代資本主義のエートス（倫理）を、「資本主義の精神」という言葉で表しているが、これは決して単なる経済的な営みではなく、近代に特有の合理的な産業経営的資本主義を指している。

その「資本主義の精神」とは、禁欲的プロテスタンティズムが持っていた労働を、自己目的、すなわち「天職」（Beruf）と考えるべきだという概念のことであった。

近代資本主義の最も特徴的な要素となっている「天職」という概念は、ルターらが活動した宗教改革の最大の産物であった。

これは、世俗的職業の内部における義務の遂行を、道徳的実践の持ちうる最大の内容として重要視して、世俗的労働に宗教的意義を見出そうとするものである。

プロテスタントは、自分が恩恵の地位にあることを確かめるために、労働で得た金を、享楽に注ぎ込むのではなく、さらなる経営投資に注ぎ込もうとしなばならないと説いた。

模範文　マルクスは、ブルジョワジーとなるためにはプロレタリアートを搾取しなければならないと説いた。これはゼロサム的思考を前提にしている。すなわち誰かが富を得るには、誰かから富を奪わなければならないという訳である。

単純な考え方であるだけに、世界中の人々を惹きつけた。しかし
この考え方では、経済は常に停滞せざるを得ないことになる。一定
レベルまでは行くかもしれないが、それ以上に発達する社会ではな
い。社会の構成員の大多数が豊かになる社会ではない。勝つ者は常
に一握りの人である、大半の人はプロレタリアートに零落せざるを
得ない。例えれば100人いるとして、一人の人間が勝者となるが、
あとの99人は敗者となると考える。したがってこのような社会は
非常にいびつな社会なのであり、極限までいくと共産主義革命の到
来ということになる。共産主義社会の到来によって、これまで人間
を差別し搾取してきた社会は終焉して、人類は救われると考えた。
　しかし実際はどうだろうか。資本家や地主といた支配階級は一掃
されたものの、代わって「ノーメン・クラツーラ」といわれる、共
産党幹部や高級軍人の特権層が支配階級として出現してきた。
　経済は一定レベル以上までは発展せず、自由主義経済の国と比べ
ると生産性が上がらず、共産主義の総本山であるソ連は自己崩壊を
してしまった。近い将来、中国も同じ運命を辿るであろう。
　今日の社会は「キャシュレス社会」と呼ばれている。カード決済
に象徴されるように、商品は貨幣を媒介せずに購入できる。
　このような社会が成立するためには、購入した代金は後日必ず支
払われることが前提となって、初めて成立する。われわれ消費者は
１円のお金を持たずとも、日常生活を送ることができる。コンビニ
や家電量販店、百貨店などあらゆるところで電子決済やクレジット
カードで支払を済ませることができる。
　こうした経済の前提になっているのが、「信用」（trust）やモラ
ルの存在である。買った代金は必ず支払わなければならないという
強い倫理が存在しなければ、信用経済は成り立たない。相手を騙す、
あるいは詐欺することが当たり前の社会にあっては、経済は発展し
ないのである。

資本主義社会が高度に発展した国は、イギリス、アメリカ、ドイツ、日本などである。日本を除いては、皆プロテスタントの国家である。プロテスタントの教えでは、富を得ることは悪いことではない。汗を流し、勤労にいそしんだ結果富を得ることができれば、それは神の恩寵に叶ったことになると考える。

　プロテスタントはカソリックよりも、儀礼・装飾的でなく、各自の神への信仰や帰依を重視してきた。その基本となる徳目は、質素、正直、真面目、一生懸命、勤労などである。

　「save」という言葉がある。その意味は、「救う、貯える、守る」などがある。すなわち自己の欲望を抑えて節制することである。欲望を抑えることは、欲望の極大化とは対極をなす概念である。「お客から信用を得る」「いい商品を提供する」「約束は守る」ことなどは、経済の発展には欠かせない。この意味で、資本主義経済の発展と宗教規範は深く結びついているのである。

　しからば日本の場合はどうか。明治以降今日まで日本のクリスチャン人口はわずか１％である。にもかかわらず日本では高度に資本主義が発達した。それはなぜか。日本社会には儒教文化が定着し、それに武士道的倫理観が深く存在している。

　土光敏夫の「暮らし向きは低く、思いは高く」や、松下幸之助の家族的経営や経営理念が日本社会で広く受け入れられているのは、日本人の倫理観がプロテスタント倫理観と近似しているからである。日本資本主義の父といわれている渋沢栄一が、「片手に論語、片手に算盤」といっているのもこれである。

「資本主義・共産主義・社会福祉」の
概念を論ぜよ

論文の
ポイント

私たちは大して吟味することなく、「資本主義、共産主義、社会福祉」の概念を使っているが、一度検討してみるべきである。

資本主義とはマルクス経済学の呼称であり、一般的には自由主義経済と呼ばれる。この経済体制では自由競争を原理としている。経済人はより大きい利益を獲得しようとして、より良い商品を、より安く消費者に提供しようとする。しかしながら自由主義経済体制下では自由競争を根幹としているため、そこに勝者と敗者が出てくることは避けがたいことになる。すなわち階級分離が起こってくるわけである。ごく少数の勝者・ブルジョワジーに富の大半が集中し、圧倒的な敗者・貧乏人が存在するとすれば、社会は混乱し、極限状態になれば共産主義革命が必然的に起こるとされた。マルクスは、イギリス、アメリカ、ドイツなどの先進資本主義国に共産主義革命が起こると予想したが、そうはならなかったのは、これらの国が福祉国家にすすんで変質したからである。

模範文

資本主義経済とは、マルクス経済学の呼び名であり、一般には自由主義経済といっている。

この経済体制は、自由競争を原理として、自己責任制の下で、より良い商品を、より安く消費者に提供する。大量生産を可能にし、より大きな利益を得ることのできる経済体制である。人間は、より豊かな生活を求めて、創意工夫をしながら、経済行為を行わんとする。

一方、マルクス経済学によれば、ブルジョワジー（資本家）とは、生産手段を有している人間のことをいう。生産手段を有しているか

ら、安価な原料と安いプロレタリアート（労働者）を雇い入れて、拡大再生産を行い、一層の利潤を図ることができるとした。

これに対してプロレタリアートは生産手段を持っていないから、パンを得るためには、労働の名の下に自分の肉体を切り売りしなければならない。したがって資本主義が発展するにつけて、ブルジョワジーとプロレタリアートの貧富の差は、ますます拡大することになる。両者の対立と憎悪が極限まで達したときに、必然的に共産主義革命が起きると考えた。

マルクスが『資本論』と『共産党宣言』を著したとき、彼が頭のなかで描いたのは、先進資本主義国、例えば英国やドイツにおけるプロレタリア革命であったが、それが起こったのは、皮肉にも初期資本主義の段階にあったロシアであり、農業国家の中国であった。

結局、先進資本主義国家（米、英、仏、独、日）では共産主義革命は発生せず、反対に共産主義の総本山であるロシアが、生産性の低滞と非効率から行き詰まり、自ら共産主義国家の看板を下げざるを得なくなった。

自由主義経済は、人間というものが単に「存在する」ことで満足するものでなく、「よりよく存在する」ことを求めようとする、人間の本性に立脚している経済体制だということができよう。ところが、この経済体制には致命的ともいうべき欠陥が内包されているのである。それは、自由主義経済は競争原理を採っているために、弱肉強食の社会、ジャングル社会になってしまうという欠点である。

一生懸命努力する人が、それなりの成功を勝ち得るのは誰しもが納得するところであるが、世間には努力しても、不運にも報われない人も、ままいるものである。貧富の格差があまりにも著しい社会というものは、ギスギスして調和を欠く。したがって自由主義経済をとる先進諸国では、社会的格差の是正をいかにするかが最大の課題となった。

第一次世界大戦後に誕生したドイツのワイマール共和国下で、社会福祉の概念が初めて憲法のなかに採り入れられた。そして、第二次世界大戦から、イギリスやスウェーデン、フランス、日本など先進諸国は、相次いで、福祉国家の建設を、最優先政策として挙げるようになった。

　アメリカでは、1929年の世界大恐慌の対策として、フランクリン・ルーズベルト大統領が、ニューディール政策を唱えた。これは、国家が主導して、すなわちダムや道路、港湾などの建設、整備といった公共事業を行い、これによって失業者の救済をしようというものだった。今日では、政府による経済対策、あるいは景気対策は当たり前のこととされている。

　福祉政策とは、所得の再配分を行うということであり、累進課税でも知られているように、所得の高い層には、税金をたくさん課して、それを貧しい人々に回すという政策のことである。また国家による経済に対する具体的介入の例としては、独占禁止法や、民営化、行政改革などの政策にみられるところである。どの政策も、それらの政策の根底には、弱者救済を図りつつも、自由競争のメリットを生かそうとする意図があるのである。

　1789年のフランス革命は、自由、平等、博愛を謳った。「言うは易く、行うは難し」の例ではないが、自由を優先すれば、平等が阻害され、平等を重んずれば自由が制限されるジレンマに立たされることを、われわれは歴史経験を踏むことによって学んだのである。

資 料 編

用語解説 & 間違いやすい漢字

用語解説

　小論文を書く上で、正確な用語の使用は非常に重要である。しかし、学術用語や専門用語は初めて出会う場合があり、理解が難しいことがある。そこで、実践編で使用された用語を中心に、わかりやすく解説した用語解説のページを作成した。

経営・経済

MBA（p.44）

　MBAとは経営学の修士号のことである。MBAプログラムを提供している大学院は、通称としてビジネススクールと呼ばれており、主に社会人を対象としている。すなわち実際にビジネスの様々な分野で働いてきた人間がさらに成長するため学び、研究することによって、将来優れた経営者になることを目指している。

ヘンリー・ミンツバーグ（p.44）

　ヘンリー・ミンツバーグは、1939年生まれの経営学者。カナダのマギル大学の経営学教授を務めた。彼の名を有名にしたのは、『マネージャーの仕事』である。実際のマネージャーの活動に随行したことで得られた資料を分析したことより、経営における実践や芸術的要素などをより重視し、よきマネージャーというものは教室では育たないと主張した。

イノベーション（p.48）

　イノベーション（innovation）とは物事の「新機軸」、「新結合」、「新しい切り口」、「新しい活用法」のことである。一般的には新しい技術の発明を指すが、それだけではなく、新しいアイディアから社会的意義

のある新たな価値を創造し、社会的に大きな変革をもたらす幅の広い変革を意味する。

人口減少（p.48）

　人口動態統計によると、2005年は出生数（106万2,530人）よりも、死亡数（108万3,796人）が2万1,266人上回った。1899（明治32）年以降、統計を得られていない1944年から1946年を除き、初めて人口減となった。また、2011年以降、11年連続で人口減少が続き、2021年は64万4,000人の減少となり、減少幅は比較可能な1950年以降過去最大となった。減少幅は10年連続で拡大している。

経済成長（p.48）

　後発国が経済成長するためには、単に市場経済原理に任せているだけでは十分ではない。インフラ整備など政府の綿密な計画が必要である。こうした政府の策定計画に基づく経済成長を「ビッグプッシュ型経済」と呼ぶ。1928年からソ連で始まった「第一次5か年計画」はその典型である。太平洋戦争後、なぜ日本が急速に経済成長することができたのか。そこには政府の「傾斜生産方式」と呼ばれた経済政策があったし、1950年の朝鮮戦争による特需があった。1960年発足した池田勇人内閣の下で「所得

倍増計画」が策定された。

パナマ文書（p.56）

　パナマ文書とは、パナマの法律事務所「モサック・フォンセカ」から流出した膨大な内部文書のことである。この秘密文書が流出したことによって、世界各国の首脳や富裕層が、英領バージン諸島やパナマ、バハマなどを初めとしたタックスヘイブン（租税回避地）を利用した金融取引で、資産を隠した可能性が示された。

国際関係 ▶

覇権主義（p.64）

　覇権主義とは、その影響力を拡大させるため、ある大国が軍事面・経済面や政治面で弱い他国に介入し、その主権を侵害し続けることをいう。冷戦以降は超大国を形容することとなり、米国、ソ連（ロシア）、中国を批判的に指す概念となっている。
　ウクライナ戦争では、プーチン・ロシアが露骨に覇権主義的行動を見せており、これをどうやって防ぐかが、国際社会の喫緊な課題となっている。他方東シナ海においては中国が覇権主義的行動を見せており、日米両国にとっては、これにいかに対処するかが大問題となっている。

クワッド（QUAD）（p.64）

　クワッドとは、自由や民主主義、法の支配といった基本的価値を共有する日本、米国、オーストラリア、インドの4か国の枠組みのことである。クワッドの眼目は中国であり、ルールに基づく海洋秩序への挑戦に対抗していくことにある。また北朝鮮をめぐって、朝鮮半島の非核化や拉致問題の即時解決の必要性を確認し、情勢の不安定化をもたらす核・ミサイル開発を非難することである。

尖閣諸島中国漁船衝突事件（p.64）

　2010年9月7日午前、沖縄県尖閣諸島付近で操業中だった中国漁船を、日本の海上保安庁が違法操業として取り締まろうとしたところ、中国漁船が体当たりをしてきた事件のことをいう。海上保安庁はこの中国漁船の船長を公務執行妨害で逮捕し事情聴取を行ったところ、中国政府は「尖閣諸島は中国固有の領土」と主張して、船長と船員を即時釈放することを強硬に主張した。これに対して当時の民主党政権は、中国の圧力に負けて、この中国人船長を処分保留のまま釈放することにした。

相互確証破壊（MAD）（p.67）

　1960年代に入ると、まず米国がICBMの地下サイロ格納やSLBMの配備など、敵の奇襲の第一撃に対する生き残りのための核戦力の非脆弱化を推進した。これに対してソ連もキューバ危機以降ブレジネフ政権下で核戦力の非脆弱化を進めた結果、米ソは相手から第一撃を受けても、事前に破壊できないことになった。今日でもこの相互確証破壊は、核戦略の根幹をなしている。なお、MADはMutual Assured Destructionの略。

ポピュリズム（p.68）

　ポピュリズムとは「大衆迎合主義」と訳されるように、政治（家）が大衆に過度に迎合する態度のことをいう。民主主義は、人々の希望を叶えることを基本にしているが、人民の期待や希望が常に見識のあるものということは決して言えない。大衆というものは、お金は1円でも多く欲しいし、税金は無税である方がいいし、働く時間は少なく給料は多く欲しく、しかも年金は多くもらいたいと考えている。したがってこうした考え方を追求してゆくと、ついには

国家が破産することになる。

覇権循環論

　覇権循環論とは、国際政治学者のジョージ・モデルスキーによって唱えられた理論のことである。16世紀以降、世界の政治・経済・軍事は、欧米の大国を中心に担われており、その地位は循環を繰り返すとした。16世紀からおおよそ1世紀ごとに、ポルトガル、オランダ、大英帝国、そして20世紀には米国が覇権国となった。1980年代、経済成長が著しかった日本は、21世紀には米国を追い越すと言われたが、1990年頃のバブルの崩壊によってあえなくついえ、以後30年にわたり経済停滞が続くことになった。

2プラス2

　二国間で安全保障問題について協議する閣僚級会合の通称のことである。両国から外交と国防の両閣僚が出席する。2023年1月、ウクライナ戦争と台湾問題を踏まえ、日米外務・防衛担当閣僚による安全保障協議委員会（2プラス2）がワシントンで開催された。浜田靖一防衛相は、防衛予算を大幅に増額し、防衛力を強化する方針を説明し、林芳正外相は、国際社会の安定に貢献する考えを強調し、米国からはこれを強く支持する旨の表明があった。米国は国家安全保障戦略で、中国を唯一の競争相手と位置づけ、同盟国との連携を強化する方針を示している。日本としても戦略文書において、反撃能力の保有や、サイバー・宇宙など新たな領域での対処能力の強化を掲げている。

ウクライナ問題 ▶

ユーラシア主義(p.72)

　ユーラシア主義とは、ロシア革命とそれによって成立したボルシェビキ政権に対する反応の1つとして、1920年代に白系ロシア人の間で流行した民族主義的思想の潮流のことである。ヨーロッパからシベリア・極東まで広大な国土を持つロシアは、アジアやヨーロッパのどちらか一方でなく、地政学的概念である「ユーラシア」に属すると主張する。

地政学 ▶

地政学(p.79)

　領土をむやみに変えることはできない。変えられないとするならば、国家にとって外交関係や安全保障は一定になる。政策などは時の指導者の考え方や政策によって変えることができるが、その国が置かれた地理的特徴はむやみに変えられない。ここに「地政学」の有用性が出てくる。ただ「地政学」の見方が偏っているとするならば、当然誤った外交や政策を採る可能性が出てくる。ヒトラー・ナチスの「レーベンスラウム（生存圏）」思想や日本の大東亜共栄圏思想、あるいはプーチンの「新ユーラシア主義」、中国の「一帯一路」思想などは、地政学の誤った適用である。以前は地政学を学問上の概念にすることに躊躇したものであったが、新冷戦下の今日、「地政学」的見地に立って外交・安全保障政策を立てる必要性がでてきている。

レーベンスラウム(p.79)

　ドイツ語でLebensraumとは、地政学の用語である。国家が自給自足を行うために必要な政治支配がおよぶ領土を指す概念である。生存圏とは、国家にとって生存のために必要な区域とされており、その範囲は国境によって区分されると考えられている。ただし国家の人口と国力が充実してくれば、より多くの資源が必要となり、生存圏は拡

張すると考えられた。また生存圏の拡張は国家の権利であるとされた。ゲルマン人に十分な空間が与えられていないとするヒトラーは、その拡張主義の理論的裏付けとして、カール・ハウスホーファーの唱えるレーベンスラウムの思想を援用した。もともと第一次世界大戦前から新興国家であったドイツは、英米に対抗して東欧に政治的、経済的な影響力を行使すべきであるという膨張主義がなされていた。このレーベンスラウムの思想は日本にも影響を与え、大東亜共栄圏思想に援用された。

ハルフォード・マッキンダー （p.79）

ハルフォード・マッキンダーはイギリスの地理学者・政治家である。「ハートランド理論」を提唱して、地政学の基礎的な理論となった。海洋国家イギリスに生まれ育ちながらもマッキンダーがランドパワー論者になったのは、大陸国家の勢力拡大への脅威から海洋国家イギリスをいかに守るべきかという戦略のあり方について研究に重きを置いていたことによっている。マッキンダーの理論では、そもそも大陸国家と海洋国家は相性が悪いということが基本原理になっている。海洋国家は決して攻撃性の強いものではないが、隣国の勢力が強くなることを忌み嫌う。大陸国家が外洋に出て新たな海上交通路や権益を拡大しようとすれば、海洋国家はこれを防ぐべく、封じ込めを図ろうとする傾向を持つ。こうしたことから大陸国家と海洋国家の交わる地域での紛争はいっそう高まると考えた。マッキンダーは1900年代初頭の世界地図を、ユーラシア内陸部の中軸地帯（ハートランド）、内側の三日月地帯、外側の三日月地帯とに分け、「東欧を支配するものが世界を支配する」としたうえで、イギリスを中心とした海軍強国が陸軍強国による世界支配を阻

止すべきであるとした。

ニコラス・スパイクマン（p.83）

ニコラス・スパイクマンはオランダ系アメリカ人の政治学者・地政学者である。アルフレッド・セイヤー・マハンのシーパワー理論を踏まえてエアパワーにも注目し、リムランド理論を提唱した。マッキンダーが「東欧を制するものはハートランドを制し、ハートランドを制するものは世界島を制し、世界島を制するものは世界を制する」と述べたのに対して、一見広大で資源に恵まれているハートランドは実はウラル以東では資源が未開発な状態のため農業や居住に適しておらず、このため人口が増えにくいと指摘した。一方リムランドは温暖湿潤な気候であるため、人口と産業を支える国々が集中しているとした。スパイクマンは「リムランドを制するものはユーラシアを制し、ユーラシアを制するものは世界の運命を制する」と主張した。

安全保障

抑止（p.84）

抑止とは、敵の軍事行動を、こちらの軍事力の存在を引き上げることによって、思いとどまらせることをいう。また「抑止力」とは抑止する力のことである。

森嶋通夫（p.86）

森嶋通夫は日本の経済学者である。ロンドン・スクール・オブ・エコノミクスの名誉教授であり、世界的に著名な経済学者である。国際計量経済学会の理事長も務めた。安全保障論議における関嘉彦と論争は有名であるが、森嶋は非武装中立を主張した。森嶋はもし侵略する国があった場合には、軍隊を持たない日本としては素手でこれに立ち向かうべきであると主張した。

関嘉彦（p.86）

　日本の社会思想史家である。イギリス労働党の日本における紹介者として知られている。日本社会党に属したが日常活動の低調なことに失望して、1959年、右派の脱党に際してはこれと行動を共にした。1960年民社党の結成に参加し、同党のイデオロギー的重鎮となった。その後民社党公認で参議院選挙に立候補して当選した。

国連改革（p.91）

　国連改革の最大の眼目は、世界の平和維持上もっとも重要な機能である安全保障理事会の改革である。ウクライナ戦争を見るが如く、ウクライナに対するロシアの侵略を即時中止するよう国連総会で何度決議しても、ロシアは拒否権を提出してこれを葬っている。さらにロシアは核の脅しまでしている。安保理改革の１つは、構成国の拡大である。日本をはじめとする多くの国は、意思と能力のある国を新たに常任理事国として加えて、常に安保理の意思決定に参加させるべきであると主張している。

安全保障関連法

　集団的自衛権の行使容認や自衛隊の海外任務拡大を中心に、10にわたる改正法からなる平和安全法制、いわゆる安保関連法が、2015年９月、自民・公明・野党３党の賛成多数で可決した。戦後の歴代政権と内閣法制局は、集団的自衛権の行使を憲法違反としてきたが、同法によって、政府が日本の存立を脅かされるような明白な危険性がある存立危機事態と認定すれば、日本への直接的武力行使がなくても、日本の防衛に資する活動に従事している米軍艦艇などを自衛隊が防護し、武器を使用することが可能になった。

社会保障

児童手当制度（p.103）

　①支給対象—中学校卒業まで（15歳の誕生日後の最初の３月31日まで）の児童手当を養育している者
　②支給額
　３歳未満：一律15,000円
　３歳以上小学校修了前：10,000円（第３子以降は15,000円）
　中学生：一律10,000円

ジェンダー

　ジェンダーとは生物学的な性とは異なる多義的な概念であり、性別に関する社会的規範と性差を指す。性差とは、個人を性別カテゴリーによって分類し、統計的に集団として見た結果、集団間で認知された差異をいう。社会と同様にジェンダーは絶えず変化する。総力戦となった第二次世界大戦時の連合国および枢軸国では、男性が徴兵されて戦場に出向いている間、女性が工場労働に従事することになり、その後に労働力として社会参加する契機になった。また性別が理由で、教育を受けられない場合も多く、学校に通えない女子児童や生徒が、2018年の時点で世界中に約１億3,200万人いる（約５人に１人）いると推定されている。この背景には、貧困や児童婚、教育環境などがあるとされ、SDGsにおいても開発途上国での女子教育の推進を掲げている。達成すべきとされる持続可能な開発目標のうち、重要な目標とされながら、わが国が達成できそうもない１つがジェンダー平等だといわれている。

ダイバーシティ

　雇用の機会均等、多様な働き方を指す言葉である。もともとはアメリカにおいてマイノリティや女性の積極的な採用、差別の

ない処遇を実現するために広がった。その概念が広がりを見せ、多様な働き方を受容する考え方として使われるようになった。日本においては、人種や宗教よりは、性別、価値観、ライフスタイル、障害の面に注目した多様性としてとらえられている傾向がある。現在、人権等の本質的な観点だけでなく、将来的な少子高齢化による労働力や人口減少等に対応した人材確保の観点からダイバーシティに取り組む企業が増えている。

▶人生100年時代◀
リンダ・グラットン(p.104)

　ロンドン・ビジネススクールの教授で、人材論や組織論の世界的権威である。2011年には、経営学のアカデミー賞ともいわれるThinkers50ランキングのトップ12に選ばれている。フィナンシャルタイムス紙では、「今後最もインパクトを与えるビジネス理論家」としている。日本では2016年、『ライフ・シフト』が出版された。

▶日本人論・日本文化◀
山本七平(イザヤ・ベンダサン)(p.128)

　山本七平は、日本の評論家として主に太平洋戦争後の保守系マスメディアで活躍した。最初山本は世田谷区の自宅で聖書学を専門とする出版社「山本書店」を創業したが、後に山本書店は、新宿区市ヶ谷に移転した。1970年、山本は「イザヤ・ベンダサン」の名で『日本人とユダヤ人』を山本書店より出版、口コミで大ベストセラーとなった。山本のこの本は大宅壮一ノンフィクション賞に選ばれたが、授賞式にはベンダサンの代理人としてアメリカ・メリーランド大学の教授が山本の代理人として出席した。山本の戦争体験に基づく日本人論は、ユニークかつ説得性をもっていたため、読者を魅了した。

河竹黙阿弥(p.135)

　河竹黙阿弥は、江戸時代の幕末から明治にかけて活躍した歌舞伎狂言作者である。江戸の風情を色濃く宿した黙阿弥の作品は、今日の歌舞伎でもよく演じられている。『三人吉三』『天衣紛上野初花』『魚屋宗五郎』などは、つとに有名である。

▶地球環境問題◀
地球温暖化の危機(p.142)

　地球温暖化が世界に与えている主な影響については次のようなものがある。①氷河湖の増加と拡大、②永久凍土地域における地盤の不安定化、③山岳における岩雪崩の増加、④春季現象(発芽、鳥の渡り産卵行動など)の早期化、⑤動植物の生息域の高緯度化、高地方向への移動、⑥北極および南極の生態系(海氷生物群系を含む)および食物連鎖上位捕食者における変化、⑦多くの湖沼や河川における水温上昇、⑧熱波による死亡、媒介生物による感染症リスク。

資源の浪費による危機(p.143)

　①資源の有限性に関して、現在1か月に世界で採掘される鉱物資源の量は、産業革命までに人類が使用した総量をはるかに超えるといわれている。また金、銀、鉛といった主要な鉱物資源の残余年数は、30〜40年に過ぎないと報告されている。

　②世界自然保護基金の試算によれば、人々の資源消費は、既に地球の生産能力を上回っている上に、世界全体が現在の先進国並みの生活をすれば、地球が2個必要になるとされている。

　③資源の浪費による危機

　世界の廃棄物発生量は、2000年の約127億トンから、2050年には約270億トンに増

163

加すると予測されている。特に途上国では、経済成長に伴って、都市ごみの一人当たりの発生量が急増する見込みである。

ローマクラブ（p.148）

　ローマクラブはスイスの本部を置く民間のシンクタンクである。1972年に出されたレポート『成長の限界』は30か国以上で訳され、160万部以上が出版され、世界中で読まれた。このレポートでは、今後、技術革新が全くないと仮定して、現在のままで人口増加や環境破壊が続くとすれば、資源の枯渇や環境の悪化によって、100年以内に人類の成長は限界に達すると警鐘を鳴らした。破局を回避するためには、地球が無限であることを前提とした従来の経済のあり方を見直し、世界的な均衡を目指す必要があると論じた。

持続可能な社会（p.148）

　①1990年代、持続可能な開発の概念が普及した。国連環境開発会議（地球サミットUN・1992年—環境と開発に関するリオ宣言。アジェンダ21の中心的概念として「持続可能な開発」を採用。リオ宣言原則—持続可能な開発を達成するため、環境保護は、開発過程の不可分の部分とならなければならず、それから分離しては考えられないものである。

　②2000年代、持続可能な開発の概念の定着—ヨハネスブルグサミット・持続可能な開発に関するヨハネスブルク宣言（2002年）「我々は、持続可能な開発の、相互に依存し、かつ相互に補完的な支柱、すなわち経済開発、社会開発、および環境保護を、地方、国、地域、および世界的レベルで、さらに推進し強化するとの共同の責任を負うものである」

日本における「持続可能な社会」の定義

①環境基本法（平成5年）

ⓐ現在および将来の世代の人間が、健全で恵み豊かな恵沢を享受するとともに、人類の存続の基盤である環境が将来にわたって維持されるように、適切に行われなければならない。（第3条）

ⓑ社会経済活動、その他の活動による環境への負荷をできる限り低減すること。その他の環境の保全に関する行動がすべての者の公平な役割分担の下に、自主的かつ積極的に行われるようになることによって、健全で恵み豊かな環境を維持しつつ、環境への負荷の少ない健全な経済の発展を図りながら、持続的に発展することができる社会。（第4条）

②第3次環境基本計画（平成18年）

ⓐ健全で恵み豊かな環境が、地球的規模から身近な地域までにわたって保全されるとともに、それらを通じて国民一人ひとりが幸せを実感できる生活を享受でき、将来世代にも継承することができる社会。

ⓑ多様化する国民の期待が実現する社会の基盤としての環境が適切に保全されるとともに、経済的側面、社会的側面も統合的に向上すること。

ⓒ物質的な面だけでなく、精神的な面からも、安心、豊かさ、健やかで快適な暮らし、歴史と誇りある文化、結びつきの強い地域コミュニティといったものを、わが国において将来世代にわたって約束するような社会であるとともに、それを世界全体に波及させていくような社会。

③第2次環境基本計画（平成12年）

ⓐ「再生可能な資源」は、長期的再生産が可能な範囲で利用されること。

ⓑ「再生不可能な資源」は、他の物質や
エネルギー源で、その機能を代替でき
る範囲で利用が行われること。

ⓒ人間活動から環境負荷の排出が、環境
の自浄作用の範囲内にとどめられるこ
と。

ⓓ人間活動が、生態系の機能を維持でき
る範囲内で行われること。

ⓔ種や地域個体群の絶滅など、不可逆的
な生物多様性の減少を回避すること。

④ハーマン・デイリー（米国の経済学者）
の３原則

ⓐ再生可能な資源の消費ペースは、その
再生ペースを上回ってはならない。

ⓑ再生不可能な資源のペースは、それに
代わりうる持続可能資源が開発される
ペースを上回ってはならない。

ⓒ汚染の排出量は、環境の吸収能力を上
回ってはならない。

カーボンニュートラル

カーボンニュートラルとは、温室効果ガ
スの排出量と吸収量を均衡させることを意
味する言葉である。2020年10月、政府は
2050年までに温室効果ガスの排出を全体
としてゼロにするという目標を宣言した。

「排出量を全体としてゼロにする」とい
うのは、二酸化炭素をはじめとする温室効
果ガスの排出量から、植林、森林管理など
による吸収量を差し引いて、合計をゼロに
することを意味している。カーボンニュー
トラルの達成のためには、温室効果ガスの
排出量の削減、並びに吸収作用の保全およ
び強化をする必要がある。

持続可能な開発目標（SDGs）

ミレニアム開発目標（MDGs）の達成に
向けた進捗と課題が明らかになってくる中、
その目標年度である2015年に国連持続可

能な開発サミットが開催され、「持続可能
な開発のための2030年アジェンダ」が採
択された。このアジェンダでは、行動計画
として宣言および目標を掲げた。この目標
が、MDGsの後継として位置づけられた17
の目標と169のターゲットからなる「持続
可能な開発目標（SDGs）」である。SDGs
では、目標とターゲットの数がMDGsより
大幅に増えている一方で定量ターゲットの
割合は減っており、また進捗管理のための
指標がない項目も多数あることかが大きな
違いである。

間違いやすい漢字

　大学院受験の小論文では、当然のことながら正確な言葉遣いが求められる。正しい漢字の使用によって、誤解を生じさせることのない文章を作り上げることを心がけたい。ここでは、間違いやすい漢字を取り上げ、50音順に掲載している。なお、「→」の後が正しい漢字である。

あ

あいあいがさ／相々傘→**相合い傘**

あおにさい／青二歳→**青二才**

あくぎょう／悪行→**悪業**

あくたい／悪体→**悪態**

あっせん／斡施→**斡旋**

あっとう／圧到→**圧倒**

あとかた（もない）／跡方→**跡形**

ありかた／有り方→**在り方**

あんぴ／安非→**安否**

いあん／尉安→**慰安**

いがいなじけん／以外な事件
　　→**意外な事件**

いきしょうてん／意気昇天→**意気衝天**

いきようよう／意気洋々→**意気揚々**

いくじ／意久地→**意気地**

いくどうおん／異句同音→**異口同音**

いそがしい／急がしい→**忙しい**

いちがいに／一慨に→**一概に**

いちどうにかいす／一同に会す
　　→**一堂に会す**

いっきかせい／一気加勢→**一気呵成**

いっしょ／一諸→**一緒**

いっしょくそくはつ／一触速発
　　→**一触即発**

いっしんどうたい／一身同体→
　　一心同体

いっぱいいちに／一敗血に→**一敗地に**

いはん／違犯→**違反**

いまだに／今だに→**未だに**

いみしんちょう／意味慎重・深重
　　→**意味深長**

いりょく／維力→**威力**

いんえい／隠影→**陰影**

いんさん／陰酸→**陰惨**

いんぜん／陰然→**隠然**

いんそつ／引卒→**引率**

うきめ／浮き目→**憂き目**

うけおう／受け負う→**請け負う**

うちょうてん／有頂点→**有頂天**

えいし／衛士→**衛視**

えいぞう／影像→**映像**

えんえん／遠々→**延々**

えんぜつ／演舌→**演説**

えんだん／演段→**演壇**

えんゆうかい／宴遊会→**園遊会**

おうぎ／奥儀→**奥義**

おうしん／応診→**往診**

おうたい／応待→**応対**

おおもの／大者→**大物**

おかしらつき／御頭付き→**尾頭付き**

おかん／悪感→**悪寒**

おきかえる／置き変える→**置き換える**

おそまき／遅巻き→**遅蒔き**

おちいる／落ち入る→**陥る**

おなじみ／同じみ→**お馴染み**

おんけん／温健→**穏健**

おんこう／温好→**温厚**

おんのじ／恩の字→**御の字**

おんぴょうもじ／音表文字→**音標文字**

かいきいわい／回気祝い→**快気祝い**

かいきしょうせつ／怪気小説

　　→**怪奇小説**

かいてき／快的→**快適**

かえうた／代え歌→**替え歌**

かえりざく／帰り咲く→**返り咲く**

かくう／仮空→**架空**

かくしん／確心→**確信**

かくとく／穫得→**獲得**

かげひなた／影日向→**陰日向**

かげぼうし／陰法師→**影法師**

かたがみ／形紙→**型紙**

かちかん／価値感→**価値観**

かっこ／括孤→**括弧**

かりる／貸りる→**借りる**

かわいそう／可愛相→**可哀相**

かんいっぱつ／間一発→**間一髪**

かんこつだったい／換骨脱体

　　→**換骨奪胎**

（〜に）かんして／感して→**関して**

かんしょうちたい／緩衝地帯

　　→**緩衝地帯**

かんそう／乾操・乾繰→**乾燥**

かんどころ／感所→**勘所**

かんぱ／観破→**看破**

かんぺき／完壁→**完璧**

かんぼう／寒冒→**感冒**

かんまん／緩漫→**緩慢**

かんゆう／歓誘→**勧誘**

かんれき／環暦・還歴→**還暦**

かんわ／暖和→**緩和**

きいっぱん／気一本→**生一本**

ぎおん／祇園→**祇園**

ききいっぱつ／危機一発→**危機一髪**

きけつ／帰決→**帰結**

きげん／気嫌→**機嫌**

きごこち／気心地→**着心地**

きせんをせいす／気先を制す

　　→**機先を制す**

きまじめ／気まじめ→**生まじめ**

ぎまん／偽瞞→**欺瞞**

きもいり／肝入り→**肝煎り**

きゅうえんぶっし／急援物資

　　→**救援物資**

きゅうくつ／窮窟→**窮屈**

きゅうせんぼう／急先方→**急先鋒**

きゅうたい／旧体→**旧態**

きょういてききろ／驚威的記録

　　→**驚異的記録**

ぎょうざいせい／行財制→**行財政**

きょうねん／亨年→**享年**

きょうみしんしん／興味深々

　　→**興味津々**

ぎょかく／魚獲→**漁獲**

くちょう／句調→**口調**

くはい／苦敗→**苦杯**

くもり／雲り→**曇り**

くよう／供要→**供養**

くろうしょう／苦労症→**苦労性**

くんとう／薫淘・訓陶→**薫陶**

ぐんまけん／郡馬県→**群馬県**

けいき／契期→**契機**

けいさつしょ／警察所→**警察署**

けいしきてき／型式的→**形式的**

けいそつ／軽卒→**軽率**

けいふく／敬伏→**敬服**

けいぼ／敬募→**敬慕**

けいるい／系累→**係累・繋累**

げきやく／激薬→**劇薬**

げきりん／激鱗→**逆鱗**

けつじょ／欠除→**欠如**

けっせい／血精→**血清**

けっせんとうひょう／決戦投票

　　→**決選投票**

けつぼう／欠亡→**欠乏**

けつまくえん／血膜炎→**結膜炎**

けつれつ／決烈→**決裂**

げんか／元価→**原価**

げんかしょうきゃく／原価消却

　　→**減価償却**

けんげん／権源→**権限**

げんしょう／減小→**減少**

けんしんてき／献心的→**献身的**

けんぶん／見分→**検分**

けんやく／険約→**倹約**

こうい／行偽→**行為**

こうかんしんけい／交換神経

　　→**交感神経**

こうきしん／好気心→**好奇心**

こうしゃく／候爵→**侯爵**

こうしょうなんこう／交渉難行

　　→**交渉難航**

こうせいぶっしつ／抗性物質

　　→**抗生物質**

こうとうしもん／口答試問→**口頭試問**

こうばい／講買→**購買**

こうまん／高漫→**高慢**

こうめいせいだい／光明正大

　　→**公明正大**

こころざす／心ざす→**志す**

こじ／弧児→**孤児**

こせきとうほん／戸籍騰本→**戸籍謄本**

こづかい／小使い→**小遣い**

こべつほうもん／個別訪問→**戸別訪問**

こゆう／個有→**固有**

ごりむちゅう／五里夢中→**五里霧中**

こんいん／婚因→**婚姻**

ごんごどうだん／言語同断→**言語道断**

こんじょう／根姓→**根性**

さいきかんぱつ／才機換発→**才気煥発**

さいくつ／採堀→**採掘**

さいこうちょう／最高調→**最高潮**

さいじき／歳事記→**歳時記**

ざいせいちゅう／在生中→**在世中**

さいそく／再促→**催促**

さいたるもの／際たるもの

　　→**最たるもの**

さいてい／最底→**最低**

さいほう／裁縫→**裁縫**

さいりょう／採量→**裁量**

ざせつ／座折→**挫折**

さっこん／昨近→**昨今**

さまたげる／防げ→**妨げ**

ざんしん／暫新→**斬新**

さんまん／散慢→**散漫**

さんみいったい／三身一体→**三位一体**

じさん／自参→**持参**

しじょうかいほう／市場解放

　　→**市場開放**

したい／姿体→**姿態**

じっせき／実積→**実績**

してき／指的・指適→**指摘**

してんのう／四天皇→**四天王**

しとめる／仕止める→**仕留める**

しにものぐるい／死に者狂い

　　→**死に物狂い**

しまつ／仕末→**始末**

しもんいいんかい／試問委員会

　　→**諮問委員会**

じゃくしょう／弱少→**弱小**

しゃだつ／酒脱→**洒脱**

しゅうかんし／週間誌→**週刊誌**

しゅうぎ／祝義→**祝儀**

しゅうぎいん／衆議員→**衆議院**

しゅうしゅう／拾収・収捨→**収拾**

しゅくさつばん／縮冊版→**縮刷版**

しゅこう／趣好→**趣向**

しゅっしょしんたい／出所進退

　　→**出処進退**

しゅぼう／主謀→**首謀**

しょうかきかん／消化器管→**消化器官**

じょうき／蒸汽→**蒸気**

じょうきょうか／状況化→**状況下**

しょうげき／衝激→**衝撃**

しょうこ／証固→**証拠**

じょうてい／上提→**上程**

しょうど（と化す）／焼土と化す

　　→**焦土と化す**

（損な）しょうぶん／生分→**性分**

しょくもう／殖毛→**植毛**

しょこう／諸候→**諸侯**

しょさい／書斉→**書斎**

しょせいじゅつ／処生術→**処世術**

しょばつ／所罰→**処罰**

しんがい／浸害→**侵害**

しんぎ／真疑→**真偽**

しんきいってん／心気一転→**心機一転**

しんきくさい／心気臭い→**辛気臭い**

しんきんかん／身近感→**親近感**

じんざいようせい／人材養生

　　→**人材養成**

じんじいどう／人事移動→**人事異動**

じんちく／人蓄→**人畜**

しんにん／信認→**信任**

しんぼう／辛棒→**辛抱**

しんみ／親味→**親身**

しんみょう／真妙→**神妙**

しんめい／心命→**身命**

しんやくせいしょ／新訳聖書

　　→**新約聖書**

しんゆう／真友→**親友**

しんりゃく／進略→**侵略**

すうき／数寄→**数奇**

ずがいこつ／頭骸骨→**頭蓋骨**

すじょう／素生→**素性**

せいかがく／生科学→**生化学**

せいかつけいたい／生活形体

　　→**生活形態**

せいじふしん／政治不振→**政治不信**

せいせき／成積→**成績**

せいてんはじじつ／晴天白日

　　→**青天白日**

ぜいむしょ／税務所→**税務署**

せいらい／性来→**生来**

せいれき／西歴→**西暦**

せっきょう／説経→**説教**

せっしゅう／摂収→**接収**

せったい／接対→**接待**

せっぱん／切半→**折半**

ぜつりん／絶輪→**絶倫**

ぜひ／是否→**是非**

せんかい／施回→**旋回**

ぜんごさく／前後策→**善後策**

せんしんこく／先新国→**先進国**

ぜんじんみとう／前人未踏→**前人未到**

せんせいせいじ／専政政治→**専制政治**

ぜんぜん／全々→**全然**

せんにゅうかん／先入感→**先入観**

せんべつ／銭別→**餞別**

せんもん／専問→**専門**

そうご／双互→**相互**

ぞうさ／雑作→**造作**

そうたいてき／双対的→**相対的**

そうちょう／壮重→**荘重**

そうほう／相方→**双方**

そえん／粗遠→**疎遠**

そし／疎止→**阻止**

そしき／組識→**組織**

そしょう／訴証→**訴訟**

そっけつ／速決→**即決**

そんけい／尊警→**尊敬**

そんぞく／尊族→**尊属**

たいき／待気→**待機**

たいぐう／待隅→**待遇**

たいこ／大古→**太古**

たいこうしゃ／対行車→**対向車**

たいこうぼう／大公望→**太公望**

たいしょ／対拠→**対処**

だいたん／大担→**大胆**

たいねつ／対熱→**耐熱**

だいろっかん／第六官→**第六感**

たかみのけんぶつ／高見の見物

　　→**高みの見物**

たしょうのえん／多少の縁→**他生の縁**

たっかん／達惑→**達観**

だっこく／脱殻→**脱穀**

たまわる／（伝言を）賜る→**承る**

だらく／惰落→**堕落**

だんあつ／断圧→**弾圧**

たんか／担何→**担架**

たんてき／単的→**端的**

たんとうちょくにゅう／短刀直入

　　→**単刀直入**

ちきゅうぎ／地球義→**地球儀**

ちくじ／遂次→**逐次**

ちくせき／畜積→**蓄積**

ちゃくしゅつし／摘出子→**嫡出子**

ちゃくふく／着腹→**着服**

ちゅうさい／中裁→**仲裁**

ちょくじょうけいこう／直情経行

　　→**直情径行**

ちょっけい／直経→**直径**

ていか／底下→**低下**

ていぎ／定議→**定義**

ていそくすう／定則数→**定足数**

ていとう／低当→**抵当**

ていのう／低脳→**低能**

ていぼう／提防→**堤防**

てきよう／敵用→**適用**

てっかい／徹回→**撤回**

てっていてき／撤底的→**徹底的**

てっとうてつび／撤頭撤尾→**徹頭徹尾**

てっぱい／撤敗・徹廃→**撤廃**

てらこや／寺小屋→**寺子屋**

てんかたいへい／天下大平→**天下太平**

てんしゅかく／天主閣→**天守閣**

とうじょう／塔乗→**搭乗**

とうぜん／当前→**当然**

とうのむかし／遠の昔→**疾うの昔**

とおりいっぺん／通り一辺→**通り一遍**

ときょうそう／徒競争→**徒競走**

とくぎ／得技→**特技**

どくごかん／読後観→**読後感**

とくしか／徳志家→**篤志家**

どくしょひゃっぺん／読書百編

　　→**読書百遍**

どくぜつ／毒説→**毒舌**

どくせん／独専→**独占**

とくよう／特用→**徳用**

としのこう／年の甲→**年の功**

とつぜんへんい／突然変移→**突然変異**

とともに／と供に→**と共に**

どろじあい／泥試合→**泥仕合い**

なかがいにん／中買人→**仲買人**

なや／納家→**納屋**

なんなく／何なく→**難なく**

にくしん／肉身→**肉親**

にくはく／肉迫→**肉薄**

にそくさんもん／二足三文→**二束三文**

にっしんげっぽ／日新月歩→**日進月歩**

にぶざき／二部咲き→**二分咲き**

にんよう／認用→**任用**

のうきぐ／農器具→**農機具**

のうさつ／脳殺→**悩殺**

のほうず／野方図→**野放図**

は

はいしゅつ／配出→**輩出**

ばくだい／漠大→**莫大**

はつおんびん／発音便→**撥音便**

はてんこう／破天候→**破天荒**

はらんばんじょう／破瀾万丈

　　→**波瀾万丈**

ばんじきゅうす／万事窮す→**万事休す**

はんしんふずい／半身不髄→**半身不随**

ひかん／悲感→**悲観**

ひこうかい／否公開→**非公開**

ひそう／悲想→**悲壮**

ひってき／匹適→**匹敵**

ひにくにも／被肉にも→**皮肉にも**

ひのこ／火の子→**火の粉**

ひばく／破撃→**被爆**

ひはん／否判→**批判**

びんぼう／貧乏→**貧乏**

ふうこうめいび／風光明美→**風光明媚**

ふうちょう／風調→**風潮**

ふうてい／風態→**風体**

ふうふべっせい／夫婦別性→**夫婦別姓**

ふかけつ／不可決→**不可欠**

ふくしん／腹身→**腹心**

（事件の）ふくせん／複線→**伏線**

ふくぞう（のない）／腹臓→**腹蔵**

ふしまつ／不仕末→**不始末**

ぶしょ／部所→**部署**

ふしょうじ／不詳事→**不祥事**

ふへんてき／普偏的→**普遍的**

ふへんふとう／不変不党→**不偏不党**

ふわらいどう／不和雷同→**付和雷同**

ふんか／憤火→**噴火**

ふんがい／憤概→**憤慨**

ふんき／奮気→**奮起**

ふんきゅう／粉糾→**紛糾**

ふんげき／噴激→**憤激**

ふんこつさいしん／紛骨砕心

　　→**粉骨砕身**

ふんさい／粉細→**粉砕**

ふんしょくけっさん／紛飾決算

　　→**粉飾決算**

ふんぱんもの／憤飯物→**噴飯物**

へいがい／幣害→**弊害**

へいじょう／平生→**平常**

へいせつ／並設→**併設**

へんかん／返環→**返還**

へんくつ／変屈→**偏屈**

ほうがい／方外→**法外**

ぼうがい／防害→**妨害**

ほうがちょう／奉賀帳→**奉加帳**

ほうかつ／抱括→**包括**

ほうこ／豊庫→**宝庫**

ぼうじゃくぶじん／暴若無尽

　　→**傍若無人**

ほうどう／報導→**報道**

ほうねんまんさく／豊年万作

　　→**豊年満作**

ほうまん／放慢→**放漫**

ほうもん／訪門→**訪問**

ほうよう／法養→**法要**

ぼんさい／盆裁→**盆栽**

ほんにんあて／本人当て→**本人宛て**

172

まぎわ／真際→**間際**

まぢか／真近→**間近**

まぶか／真深→**目深**

まんえん／万延→**蔓延**

まんじょういっち／万場一致
　→**満場一致**

まんせい／漫性→**慢性**

まんべんなく／万辺なく→**満遍なく**

みせいねん／未青年→**未成年**

みぜん／未前→**未然**

みつげつ／密月→**蜜月**

むがむちゅう／無我無中→**無我夢中**

むかんしん／無感心→**無関心**

むぼう／無暴→**無謀**

むよう／無要→**無用**

めをだす／目を出す→**芽を出す**

もうじゃ／妄者→**亡者**

もくひ／黙否→**黙秘**

もじばん／文字板→**文字盤**

もとづく／素づく→**基づく**

もんぴょう／門表→**門標**

やかたぶね／屋方船→**屋形船**

やごう／家号→**屋号**

やっき／躍気→**躍起**

やぬし／屋主→**家主**

（男性）ゆうい／有位→**優位**

ゆうこう／友交→**友好**

ゆうすいち／遊水地→**遊水池**

ゆうせん／有先→**優先**

ゆうたい／優退→**勇退**

ゆうだい／勇大→**雄大**

ゆうよ／猶余→**猶予**

ようぎょじょう／養漁場→**養魚場**

ようじ／揚枝→**楊枝**

よくせい／抑勢→**抑制**

よご／余後→**予後**

よせい／余世→**余生**

よだん／余断→**予断**

りちぎ／律気→**律義**

りふじん／利不尽→**理不尽**

りゃくぎ／略義→**略儀**

れいぎ／礼義→**礼儀**

ろうぜき／狼籍→**狼藉**

🄦

わいろ／賄路→**賄賂**

おわりに

　筆者は、27年間にわたって、大学院と社会人大学入試を専門とする青山IGC学院で小論文を指導してきた。現在は大学で、文章作成・表現法の講座を担当している。したがって合計すると30数年にわたり、いわゆる小論文を指導してきたことになる。

　大学院入試や社会人入試においては、小論文と研究計画書および面接で合否が判定される。英語の試験があっても、TOEICやTOEFLなどのスコアで代替される場合も多くある。さらには入社試験などでも小論文が課される場合が多い。しからばこの小論文対策は、いかにしたらよいかということになる。

　小論文試験に出題されるジャンルとしては、志望動機に関するものと、時事的問題について問われるものに大別することができよう。

　受験者の教養度をチェックするためには、いわゆる時事的問題が出題される。10年前の東日本大震災当時なら、「危機管理」の問題が多く出されたが、今日では「ウクライナ問題」や「新冷戦」などが出題される可能性がある。

　また、志望動機に関する代表的設問としては、「あなたは、どうして○○研究科（専攻）に入りたいのですか」といった類のものである。極めて一般的な設問であるが、これが非常に難しい。なぜならば、われわれ日本人は、自分の人生観と志望動機を関連付けて真剣に考えることを、これまであまりやってこなかったからである。

　論文を書く指導も受けたこともなければ、本格的に書いたこともない。せいぜいレポートを書いた程度である。

　こうした皆様方の悩みと要望に真正面からお応えしたのが、拙著である。

拙著の『理論編』では、「小論文とは何か」に始まって、その定義、小論文の出題形式、小論文のテーマ、出題の意図と採点の基準、日本語の表記の仕方、小論文の書き方や勉強方法を詳しく紹介している。そして『実践編』では、経営・経済、国際政治の本質、緊迫の度を増しているウクライナ問題や地政学、安全保障や核拡散防止条約と原子力発電の問題、少子化社会とその対策、格差社会問題、日本国憲法改正問題、日本文化の特徴、地球環境問題、最後に社会学の基本概念など、50弱のテーマについて、筆者の率直な見解を、まさに「小論文」形式の模範文として述べた。

　また「模範文」の前には、「論文のポイント」が掲げられており、これを熟読することによって、この分野の本質が具体的に理解できるようになっている。

　巻末の『資料編』には、「用語解説」と「間違いやすい漢字」を掲載した。

　こうして「小論文の書き方」が、この一冊で丸ごとわかるような構成になっている。読者の皆様におかれては、まずは拙著を熟読玩味されて、日々新聞の記事や論説を800字程度に要約することを是非お勧めする。さらには論誌と言われている『中央公論』をはじめ『世界』その他の諸論文を読んで欲しいと思う。

　最後に拙著の編集をお努めいただいた晶文社の川崎俊氏には、多大なご尽力をいただいた。このことに対して心よりお礼申し上げる次第である。

2023年3月

工藤美知尋

おわりに

工藤美知尋（くどう・みちひろ）

1947年、山形県生まれ。日本大学大学院法学研究科政治学専攻修士課程修了。ウィーン大学留学。東海大学大学院政治学研究科博士課程修了。政治学博士（国際関係論・外交史専攻）。日本大学法学部専任講師の後、1992年3月、社会人入試・大学院入試のための本格的な予備校「青山IGC学院」を主宰。2012年4月開校・日本ウェルネススポーツ大学教授。主な著書は『大学院に合格する研究計画書の書き方』『大学・大学院への「小論文」と「日本語表現」』（共にダイヤモンド社）、『学ぶ・社会人入試の小論文の書き方』（三修社）など多数。また国際関係論・外交史の分野では、『日本海軍と太平洋戦争(上下)』『日ソ中立条約の研究』（共に南窓社）、『苦悩する昭和天皇』『終戦の軍師 高木惣吉海軍少将伝』（共に芙蓉書房出版）などがある。

大学院受験のための 小論文の書き方 —理論と実践—

2023年4月15日 初版

著　　者　　工藤美知尋
発 行 者　　株式会社 晶文社
　　　　　　東京都千代田区神田神保町 1-11　〒101-0051
　　　　　　電話 (03)3518-4940(代表)・4943(編集)
　　　　　　URL　https://www.shobunsha.co.jp
装　　丁　　安井智弘(ザ・ライトスタッフオフィス)
印刷・製本　株式会社太平印刷社
©Michihiro Kudo 2023
ISBN978-4-7949-9540-7　Printed in Japan